닐 암스트롱,
인류 최초로 달에
착륙한
우주비행사

닐 암스트롱,
인류 최초로 달에 착륙한 우주비행사

초판 1쇄 인쇄 | 2019년 11월 15일
초판 1쇄 발행 | 2019년 11월 22일

지은이 | 조은재
그린이 | 이정헌
펴낸이 | 박영욱
펴낸곳 | 깊은나무

편 집 | 이상모
마케팅 | 최석진
디자인 | 서정희 · 민영선

주 소 | 서울시 마포구 월드컵로 14길 62 북오션빌딩
이메일 | bookocean@naver.com
네이버포스트 | m.post.naver.com ('북오션' 검색)
전 화 | 편집문의: 02-325-9172   영업문의: 02-322-6709
팩 스 | 02-3143-3964

출판신고번호 | 제 2013-000006호

ISBN 978-89-98822-65-1 (73810)

이 도서의 국립중앙도서관 출판예정도서목록(CIP)은 서지정보유통지원시스템
홈페이지(http://seoji.nl.go.kr)와 국가자료공동목록시스템
(http://www.nl.go.kr/kolisnet)에서 이용하실 수 있습니다.
(CIP제어번호: CIP2019043709)

*이 책은 깊은나무가 저작권자와의 계약에 따라 발행한 것이므로 내용의 일부 또는 전부를
 이용하려면 반드시 깊은나무의 서면 동의를 받아야 합니다.
*책값은 뒤표지에 있습니다.
*잘못 만들어진 책은 구입하신 서점에서 교환해 드립니다.

닐 암스트롱, 인류 최초로 달에 착륙한 우주비행사

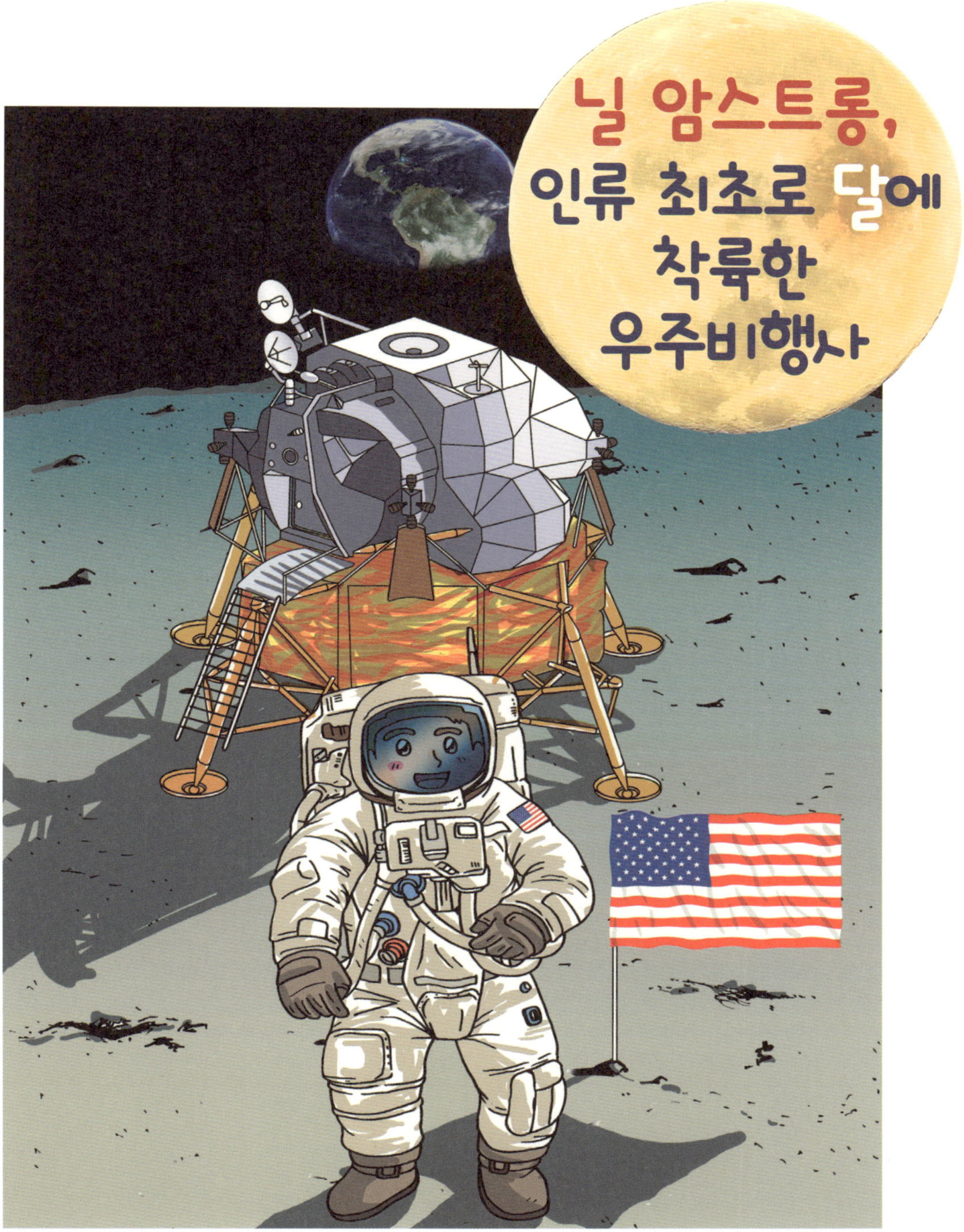

머리말

달이 된 우주 영웅 '닐 암스트롱'

2012년 8월 25일. 버락 오바마 미국 대통령의 얼굴은 어두워졌어요. 그는 입술을 꽉 깨물며 슬픔을 이겨 내려는 듯 보였어요. 그리고는 곧장 긴급성명을 발표했지요. 그것은 전 세계에서 사랑받은 한 영웅을 떠나보내는 마지막 인사말이었습니다.

"그는 미국 역사를 통틀어 가장 위대한 영웅 가운데 한 명이었습니다. 아내와 나는 그의 별세 소식을 듣고 깊은 슬픔에 잠겼습니다. 그는 인류가 별에 닿을 수 있다는 영감을 준 인물이며, 그의 정신은 미지의 세계를 탐구하는 모든 사람에게 영원히 남아 있을 것입니다."

영웅의 죽음을 슬퍼하는 사람은 대통령만이 아니었어요. 전 세계는 앞 다투어 그와 함께하지 못하는 시간을 벌써 그리워하기 시작했답니다. 한 유명 정치인은 이렇게 말하기도 했어요.

"달도 지구로부터 찾아온 그를 그리워할 것입니다."

먼 우주에서도 그의 흔적을 찾아볼 수 있어요. 그는 지구인을 대표하는 평화사절단과도 같았죠. 우주비행사로서 절구 찧는 토끼가 사는 달나라를 최초로 방문했거든요. 물론 그곳에는 계수나무도 토끼도 없었어요. 하지만 한 번도 사람의 손길이 닿지 않은 미지의 땅에 그는 발자국을 남겼고 지금도 찾아볼 수 있답니다.

인류의 발자국을 달에 새겨 희망과 가능성을 심어준 최고의 우주인! 그는 바로 닐 암스트롱이에요. 인류에게 달을 선물하고, 전 세계 어린이들에게 우주의 꿈을 심어준 그는 모두의 영웅이었습니다.

 닐 암스트롱은 지구인의 꿈을 상징해요. 오래 전 암스트롱이 달을 거니는 모습을 보며 사람들은 벅찬 감동을 느꼈어요. 수백 년 전만 하더라도 지구를 벗어나 우주로 간다는 것은 거의 상상할 수 없는 일이었으니까요. 그런데 상상을 뛰어넘어 우주를 탐험하고, 또 새로운 행성에 착륙한 것은 엄청난 사건이었답니다.

 특히 달 착륙의 의미는 매우 남달랐어요. 예부터 사람들은 닿을 수 없을 정도로 높이 떠 있는 달을 신으로 모셨거든요. 그래서 달을 향해 소원을 빌기도 했지요. 인간에게 달은 영영 오르지 못할 그 어떤 곳이었답니다.

 하지만 인류는 신의 세계를 그저 우러러보기만 하지는 않았어요. 가능성을 품고 무모한 도전을 시작했죠. 그리고 마침내 닐 암스트롱이 해낸 거예요! 동경의 대상이었던 신의 세계에 발을 디딘 것입니다.

토끼처럼 깡충깡충 뛰며 달을 걷는 암스트롱의 모습이 전 세계로 방송되었어요. 그 모습을 지켜본 사람들은 커다란 자긍심을 느꼈답니다. 한없이 신비롭고 멀게만 느껴지던 우주가 인간에게 보다 가깝게 다가온 것이죠.

이를 통해 인류는 꿈과 상상력의 힘, 우주생활에 대한 가능성을 믿기 시작했어요. 저마다 암스트롱처럼 해낼 수 있다는 자신감과 성취욕도 생겨났지요. 달에 새겨진 암스트롱의 발자국은 모든 이의 가슴에 큰 울림으로 새겨졌답니다.

이렇듯 암스트롱은 희망찬 미래를 우리에게 안겨준 인물로 기억되기에 충분해요. 이제는 밤하늘의 달에서 토끼가 아니라 닐 암스트롱의 발자국을 찾아봐야 할 것 같아요. 과연 그의 발자국은 어떻게 새겨진 것일까요?

우주의 영웅으로 우리의 마음속에 영원히 남은 닐 암스트롱. 그의 위대한 발자국을 따라 우주인의 이야기 속으로 빠져 보도록 해요.

닐 암스트롱은 누구?

　닐 암스트롱은 미국을 대표하는 우주비행사입니다. 그의 정확한 이름은 닐 올던 암스트롱으로, 1930년 8월 5일 미국 오하이오주 '와파코네타'라는 작은 마을에서 태어났습니다.
　암스트롱 밑으로 여동생 준과 남동생 딘이 있었어요. 암스트롱은 차분하고 진지한 아이였습니다. 놀기를 좋아하기보다는 책을 읽고 조용히 생각하는 것을 즐겼지요. 그를 보고 어머니는 '자식 키우는 즐거움'을 주는 아이라고 말하기도 했답니다.
　암스트롱은 일찍부터 꿈을 정하고, 꾸준히 키워나갔어요. 유난히 비행기와 전투기에 관심이 많았던 그는 비행사가 되고 싶었습니다. 주로 모형 비행기를 만들며 하늘을 나는 상상의 나래를 펼쳤고, 어느 정도 자라자 진짜 비행사가 되기로 마음먹었습니다.

목표를 행동으로 옮긴 건 열다섯 살 때의 일이었어요. 암스트롱은 비행수업을 듣기 위해 여러 가지 아르바이트를 해 돈을 벌었습니다. 자신이 번 돈으로 비행 조종법을 배우고, 그 이듬해 비행 조종사 면허증을 따냈어요. 이처럼 암스트롱은 의지가 강한 아이였답니다.

청년 시절에는 비행기를 더 자세히 알고 싶어 1948년 퍼듀대학교의 항공공학과에 들어갔습니다. 2년 뒤에는 해군 항공대에서 해군 비행 훈련을 받기도 했어요. 1950년 8월, 스무 살이 되던 해에 암스트롱은 정식 해군 비행사가 되어 한국전쟁에 참전하기도 했습니다.

전투기 조종사로 한국전쟁에 참여한 그는 무려 78차례의 비행 임무를 마치고 다시 대학으로 돌아갔어요. 1955년에 대학교를 졸업한 뒤에는 1960년까지 고속 비행 기지에서 시험 비행사로 활약했습니다.

시험 비행사는 새로운 항공기의 성능을 검사하는 역할을 합니다. 능숙한 비행사가 아니면 결코 해낼 수 없는 일이지요. 암스트롱은 시험 비행을 900회도 넘게 했어요. 비행사로서 화려한 경험을 가지고 있는 암스트롱은 미항공우주국인 '나사'의 우주비행사로 뽑히게 되었답니다.

1962년 제2기 우주비행사로 나사에 소속된 암스트롱은 우주비행훈련을 시작했어요. 길고 고단한 훈련이었지만 강인한 끈기와 노력으로 4년간의 우주 비행 훈련을 마쳤습니다. 그리고 마침내 1966년 3월 제미니 8호의 선장으로 첫 우주 비행을 하여 최초로 위성과 도킹하기도 했지요.

이어 3년 뒤에는 아폴로 11호의 선장이 되어 버즈 올드린, 마이클 콜린스 비행사와 함께 인류 역사에 남는 어마어마한 임무를 무사히 해냈어요. 1969년 7월 20일 인류사상 최초로 달 착륙에 성공한 것이지요. 달에 첫발을 디딘 암스트롱은 '처음으로 달에 발자국을 남긴 사람'으로 전 세계인의 기억에 영원히 자리 잡았답니다.

이처럼 유명인이 되기까지 암스트롱은 숱한 위험과 마주해야 했어요. 우주선 추락으로 생명을 위협받기도 했지요. 그럴 때마다 암스트롱은 침착하게 상황을 판단하고 대처해나갔어요. 위기를 벗어나는 암스트롱의 지혜와 용기는 결국 아폴로 11호의 선장으로 뽑히는 결정적인 이유가 되었습니다.

달로 간 첫 번째 우주영웅, 닐 암스트롱! 그가 최고의 우주인으로 손꼽히는 이유는 암스트롱이 특별해서가 아니었어요. 어릴 적 목표를 하나하나 성취해가며 얻은 자신감과 책임감이 있었기 때문입니다. 이를 통해 우리는 역경을 이겨내는 힘과 마음속 꿈을 이루어 나가는 방법을 배울 수 있답니다.

암스트롱은 유명세와 달리 겸손한 마음씨 때문에 더 사랑받는 영웅이기도 해요. 그의 곧은 성품과 바른 행동은 또 다른 감동으로 전해질 것이 분명합니다.

 차례

머리말 | 달이 된 우주 영웅 '닐 암스트롱'   4
닐 암스트롱은 누구?   8

1장 푸른 하늘을 마음껏 날아요

비행기가 제일 좋아!   16
하늘을 나는 꿈   21
혼자 힘으로 할 수 있어요!   28
꿈을 키우는 양식   34
시작은 원래 두려운 거야!   39
최초의 비행기와 비행사   44

2장 두려움을 이겨내고 용감한 비행사가 됐어요

해군이 된 암스트롱, 한국으로 출동!   50
위험한 임무, 비행기가 떨어지고 있어요!   55
마음의 병을 이기는 방법   61

어느 날 갑자기 찾아온 불행　66
우주 비행에 한 발짝 다가섰어요　71
로켓을 최초로 발사한 나라들　76

3장 우주전쟁의 희망으로 떠오른 암스트롱

지금은 우주전쟁 시대　82
내가 잘 해낼 수 있을까?　88
첫 우주의 악몽　94
지혜와 용기를 가진 타고난 선장　100
아폴로 11호의 사령관이 되었어요!　105
우주인은 어떤 사람일까?　110

4장 달을 밟은 최초의 인류로 우주 영웅이 되었어요

달나라로 떠나는 여행을 시작했어요　116
안녕, 고요의 바다!　122
달에 새겨진 첫 발자국은 누구의 것일까요?　127
다른 사람에게 양보한 영광　134
아폴로 11호가 조작이라고!?　139
우주여행의 꿈이 가까워졌어요　144
달은 어떻게 생겼을까요?　148

푸른 하늘을
마음껏
날아요!

비행기가 제일 좋아!

플로리다의 여름 날씨는 푹푹 찌는 무더위예요. 아침인데도 무려 32도가 넘는 찜통 더위였죠. 하지만 닐 암스트롱은 아랑곳하지 않았습니다. 그보다 더 뜨거운 캡슐 안에 수시로 들어가 봤으니까요.

1969년 7월 16일. 케이프케네디 우주 기지에는 수많은 사람들이 몰려들었습니다. 도로에는 차들이 그 끝을 알 수 없을 정도로 길게 늘어섰어요. 심지어 바다에도 수백 척의 배들이 단 한순간을 보려고 오리처럼 둥둥 떠 있었죠. 우주 기지 근처에는 발길이 닿는 곳이면 어디든 사람들로 꽉꽉 들어찼어요. 오늘처럼 많은 사람들이 모이기는 처음입니다.

우주 기지뿐 아니라 전 세계의 사람들도 흑백 텔레비전에서 시선을 떼지 못했어요. 가만히 닐 암스트롱 일행의 모습을 지켜봤습니다. 잠시 뒤에 여기서 매우 역사적인 사건이 벌어질 거예요. 모두들 숨죽이며 그 시간을 초조하게 기다렸답니다.

닐 암스트롱은 로켓의 조정석 쪽으로 가는 엘리베이터에 올랐어요. 맨 꼭대기의 캡슐이 그들의 목적지였죠. 30층짜리 건물 높이만큼 어마어마한 로켓 위에서는 플로리다 우주 기지의 모든 것이 보여요. 로켓의 발사를 돕는 관제탑과 개미처럼 모여든 사람들이 암스트롱의 눈에 들어왔습니다.

엘리베이터가 점점 더 높이 올라갈수록 암스트롱의 가슴도 마구 쿵쾅거렸어요. 그 소리는 어릴 적 탔던 양철 비행기 소리 같았죠. 처음으로 하늘을 날던 여섯 살의 기억이 가슴 속에서 다시 되살아나는 것 같았습니다.

'그때 비행기를 타지 않았더라면 오늘 이 자리에 설 수 없었을 거야. 정말 멋진 시작이었어!'

긴장과 흥분이 온몸을 휘감았어요. 전 세계인들은 잠시 뒤 발사될 로켓에 긴장하고 흥분하지만, 암스트롱에게는 그날의 추억이 더 없이 짜릿했답니다. 삐거덕 소리가 요란한 틴 구스 호를 타던 순간이 말이죠.

'슈우우웅, 슉'

뿌연 연기를 뿜은 비행기가 무섭게 하늘을 가로질렀어요. 머리 위로 비행기가 지나갈 때마다 사람들은 탄성을 질렀습니다.

"우와! 저 무거운 것이 어떻게 하늘을 날까?"

"저러다 뚝 떨어지면 어쩌지……. 난 무서워서 못 탈것 같아."

1930년대만 해도 비행기는 매우 특별하고 흥미로운 물건이었어요. 사람이 처음으로 비행기를 타고 대서양을 건넌 것이 고작 3년 전의 일이었죠. 그래서 사람들은 비행기를 신기해하면서 겁을 내기도 했답니다.

사람들은 비행기를 피해 머리를 감쌌어요. 길쭉한 양철통처럼 보이는 비행기는 곰처럼 무섭게 '웅웅'거리는 소리를 냈죠. 그 소리를 들으면 어른 아이 할 것 없이 모두들 덜컥 겁을 냈답니다.

"닐, 정말 탈 수 있겠니? 무섭지 않아?"

"무섭지만 참을 수 있어요! 비행기가 하늘을 나는 것을 직접 느껴보고 싶어요."

아빠는 어린 아들의 고집을 꺾을 수 없었어요. 여섯 살 아이의 눈은 온통 비행기로 가득 차 있었습니다.

당시에는 비행기를 놀이기구처럼 탔어요. 호기심이 많은 사람에게 하늘 구경을 시켜줬죠. 하지만 어른들도 섣불리 타지는 못했습니다. 바람에도 흔들리는 비행기는 아주 약해보였으니까요. 그래서 비행기에 오르는 사람은 매우 용감한 사람들이에요. 그들 중 암스트롱은 제일 어린 고객이었습니다.

암스트롱이 올라탄 비행기의 이름은 '틴 구스'입니다. 양철 거위라는 뜻이죠. 실제로는 알루미늄으로 만들어진 튼튼한 비행기예요. 하지만 틴 구스 호 역시 삐거덕 소리를 내기는 마찬가지였어요. 승객들이 올라탈 때마다 기침을 하는 것 같았죠. 그래도 하늘을 나는 데에는 아무 문제가 없었답니다.

"아빠, 구름을 보세요. 우리가 지나가는 곳마다 길이 생겼어요!"

바람처럼 구름을 밀어내는 비행기가 신기했어요. 하늘 도화지에 낙서를 하는 기분이었죠. 비행기가 더욱 속도를 낼 때마다 암스트롱의 기분도 최고조까지 올라갔습니다.

"우우웅, 퉁퉁, 쿵콰쾅."

엔진은 덜커덩거리며 커다란 소음을 냈어요. 비행기에서는 별의별 소리가 다 났습니다. 놀란 승객들은 옆 사람의 손을 꼭 잡았죠. 눈을 감고 기도문을 외우는 사람도 있었어요. 암스트롱의 아버지도 닐의 어깨를 꼭 껴안았습니다.

요란한 소리에도 비행기는 안전하게 착륙했어요. 비행기에서 내릴 때 암스트롱은 울음이 터져 나올 것 같았습니다. 눈물을 글썽이는 아들을 보자 아빠는 머리를 쓰다듬으며 말했어요.

"겁이 많이 났구나. 사실 아빠도 정말 무서워 죽는 줄 알았단다."

암스트롱은 으앙 울음을 터트렸어요. 비행기를 가리키며 목청껏 울먹였답니다.

"비행기에서 안 내릴 거예요! 또 태워주세요."

사실 암스트롱은 전혀 겁먹지 않았어요. 시간이 가는 줄도 모르게 신이 났죠. 이대로 쭉 하늘에 머물고 싶을 정도였답니다. 비행기를 생각할 때마다 가슴이 콩닥콩닥 짜릿했어요. 그날부터 암스트롱은 하나만 생각했답니다.

'난 비행기가 세상에서 제일 좋아!'

하늘을 나는 꿈

'우당탕퉁탕!'

온 집안이 시끌벅적합니다. 엄마는 물건을 정리하느라 정신이 하나도 없습니다. 어린 암스트롱이 다가왔는데도 전혀 눈길을 돌리지 않았어요. 대신 낯선 아저씨가 윙크로 눈인사를 해주었습니다.

아저씨들은 자꾸 물건을 나르고 또 나릅니다. 암스트롱은 그 모습을 가만히 지켜봤어요. 머리 위로 붕붕 떠다니는 물건들을 보니 마치 비행장에 와 있는 것 같았어요. 시끄러운 소리들과 낯선 사람들. 이사 가는 날은 꼭 비행기 쇼가 펼쳐졌답니다.

'와! 물건들이 비행기처럼 둥둥 떠다니네!'

암스트롱은 온통 비행기 생각뿐이었어요. 비행기를 타본 후로는 더욱 그랬죠. 하지만 암스트롱이 비행기를 좋아한 것은 그보다 더 어릴 때부터랍니다. 아버지는 종종 비행기가 뜨고 내리는 모습을 보여주었어요. 막 걸음마를 시작할 때부터 에어쇼를 보았지요. 그 후로 암스트롱의 마음에는 항상 비행기가 떠다녔답니다.

이사 가는 날도 하늘을 나는 기분이었습니다. 물건들이 뜨고 내리고, 새로운 마을을 찾아가는 것이 모험 같았죠. 모형 비행기를 꼭 끌어안고 있으면 실제로 비행기를 타는 느낌도 났어요. 잦은 이사 탓에 어머니는 투덜거렸지만, 암스트롱은 누구보다 싱글벙글 했습니다.

정부에서 일 하는 아버지 때문에 암스트롱은 자주 이사를 다녔어요. 열두 살 때까지 무려 열여섯 번이나 이사를 했지요. 다행히 열세 살에는 오하이오 주에 있는 와파코네타라는 작은 마을에 자리를 잡았습니다.

그래서 열세 살이 되기 전까지는 암스트롱에게 친한 친구가 별로 없었어요. 학교생활을 즐거워하고, 친구들과 잘 어울렸지만 늘 아쉽게 떠나야 했으니까요. 그래도 걱정하지는 않았습니다. 암스트롱에게는 누구보다 가까운 친구가 항상 곁을 지켜주었거든요.

'이번에는 어떤 비행기를 만들까?'

모형 비행기는 암스트롱의 가장 친한 친구였습니다. 모형 비행기를 만드는 일은 무엇보다 즐거웠어요. 조심조심 나무를 깎고, 철사로 이어 모양을 만든 후에, 얇은 종이로 감싸죠. 그런 다음 고무줄을 잘 감아서 하늘로 날리면 팽그르르 날아갑니다.

"독수리 닐! 더 높이, 더 멀리 날아가자!"

비행기에 멋진 이름도 지어 주었어요. 이번 비행기는 얼마나 멀리 날아갈까 지켜보는 일은 매우 재미있었습니다. 비행기가 나는 것을 보면 암스트롱도 함께 하늘을 나는 것 같았어요. 전투기를 만들면 전투기 비행사가 되고, 항공기를 만들면 멋진 기장이 되었습니다. 평소 수줍음이 많고 차분한 암스트롱도 그때만큼은 개구쟁이가 되었답니다.

"동지들이여, 적군의 기지를 폭파하는 것이 우리의 임무이다. 우리의 용감함을 적에게 보여주자!"

"우와! 슝! 1호기 출발."

"2호기도 출발 완료."

암스트롱은 곧잘 친구들과 비행기 놀이를 했어요. 와파코네

타 마을에 머물면서 오랫동안 보이스카우트 단원으로 활동했기 때문에 많은 친구들을 만날 수 있었죠. 다른 스카우트 친구들과 여러 비행기를 본떠서 모형을 만들기도 했답니다. 아군과 적군의 비행기를 여러 대 만들어서 편을 갈라 전쟁놀이를 하기도 했어요. 암스트롱이 초등학생이던 1940년대에 제2차 세계대전이 일어나 미국과 독일이 전쟁 중이었거든요.

"나는 우리 동네에 전투기가 날아오면 어떤 종류인지 다 알아맞힐 수 있다!"

암스트롱은 으스대며 말했어요. 친구들은 못 믿는다는 표정이었습니다.

"에이, 닐 거짓말 하지 마. 전투기가 얼마나 많은데 그걸 다 알아 맞혀?"

"그럼, 시험해 봐도 좋아. 비행기를 내게 보여주면 이름을 알아맞힐게."

"좋아! 만약에 못 맞히면 네가 만든 모형 비행기를 모두 우리에게 줘!"

순간 심장이 덜컹거렸습니다. 보석보다 귀한 모형 비행기를 달라니요? 암스트롱은 잠시 고민하다가 이렇게 말했습니다.

"물론이야. 대신 내가 다 알아맞히면 언제나 대장으로 모셔야 해!"

친구들과 암스트롱의 대결은 시작되었어요. 과연 어떤 결과가 나왔을까요?

"앞으로 닐 암스트롱이 보이스카우트의 영원한 대장이야!"

맞아요. 암스트롱은 모르는 비행기가 없습니다. 꼬박꼬박 비행기 잡지를 읽고, 열심히 그림까지 따라 그렸는걸요. 어디 그뿐인가요? 장난감이지만 실제 비행기 모형도 만들었잖아요. 암스트롱이 비행기 박사라는 건 친구들만 몰랐답니다. 덕분에 암스트롱은 친구들 사이에서 대장이 되었죠. 그리고 보이스카우트의 가장 높은 계급인 이글스카우트가 되기도 했답니다.

하지만 비행기를 잘 아는 걸로는 암스트롱의 마음을 채울 수 없었어요. 비행기를 타고 하늘을 나는 것과는 전혀 다르니까요. 때때로 모형 비행기를 창밖으로 날려 보낼 때면 암스트롱은 깊은 생각에 빠졌답니다.

'저게 진짜 비행기라면 좋겠어……'

어머니는 모형 비행기에 매달리는 암스트롱이 가끔 못마땅했어요. 새로운 즐거움을 놓치지 않을까 걱정해서였죠. 아이들은 다양한 놀이와 문화를 만나면서 꿈을 키워갑니다. 그래서 이것저것 호기심을 갖는 게 매우 중요하죠. 하지만 어머니는 암스트롱이 그저 비행기 놀이에만 푹 빠져 아무것도 보고 배우려 하지 않는다고 생각했어요. 남들보다 차분하고 진지한 아들이었지만, 아직은 어린아이였으니까요.

"닐, 또 비행기를 만들었니? 도대체 언제까지 만들 셈이야?"

하지만 암스트롱은 이미 알고 있었답니다. 자신이 되고 싶은 꿈이 무엇인지를.

"비행기 조종사가 될 때까지요!"

혼자 힘으로
할 수 있어요!

'찰스 린드버그 같은 용감한 조종사가 될 거야!'

암스트롱은 진짜 비행기 조종사가 되기로 마음먹었어요. 젊고 유명한 비행사 찰스 린드버그처럼 말이죠.

찰스 린드버그는 홀로 대서양을 건넌 최초의 비행사입니다. 뉴욕에서 출발해서 파리까지 무려 서른세 시간이나 걸렸죠. 무전기와 낙하산도 없는 위험한 비행을 성공한 덕분에, 세계에서 가장 유명한 사람이 되었습니다. 암스트롱은 그의 용기와 도전을 부러워했어요. 그래서 마침내 결심을 했답니다.

"나도 비행 조종 기술을 배워야겠어!"

눈빛이 이글이글 불타올랐습니다. 다행히 와파코네타 근처에는 비행 수업을 들을 수 있는 곳이 있어요. 바로 포트 코네타 비행장이죠. 학원비만 내면 얼마든지 비행 수업에 참여할 수 있었습니다.

'완벽해!'

마음은 벌써 하늘을 날아다녔어요. 비행장이 가까이 있다는 것이 얼마나 다행인 줄 몰라요. 암스트롱은 속으로 쾌재를 불렀습니다. 하지만 결심만으로 비행 조종을 배울 수는 없잖아요? 꿈으로 향하는 길에는 크고 작은 장애물이 생기기 마련이랍니다.

"닐, 비행 조종을 배우기에는 아직 너무 어려."

첫 번째 장애물이었습니다. 부모님은 어린 아들의 선택이 위험하다고 생각했어요. 암스트롱은 이제 고작 열네 살이었으니까요. 그래서 부모님을 설득하는 일은 쉽지 않았어요. 또 두 번째 장애물도 함께 해결해야만 했거든요.

"비행 조종사라는 꿈은 아주 멋져. 하지만 비행 수업을 받으려면 큰돈이 필요하단다. 지금 네가 조종 기술을 배우기에는 여러모로 이른 것 같구나."

머릿속에서 풍선이 펑 터져버린 것처럼 어지러웠습니다. 암스트롱은 매우 실망했어요. 장애물이 생각보다 높아 뛰어넘을 수 없을 것 같았습니다. 부모님이 자신의 꿈을 무시한다고 여겼으니까요.

"나이가 어려도 누구보다 잘할 자신 있어요. 제 마음도 모르시잖아요!"

속상한 나머지 버럭 화를 내고 말았어요. 부모님의 눈은 놀란 토끼처럼 동그래졌습니다. 그래도 암스트롱은 계속 투덜거리며 투정을 부렸지요. 그러나 부모님은 아들을 나무라지 않고 다독여주었습니다.

"화가 날만큼 조종사가 되는 것이 간절한 모양이구나. 그러나 닐, 지금 우리 형편으로 수업료를 내줄 수 없단다. 대신 다른 방법을 생각해보마! 우리는 네 꿈이 이루어지기를 가장 바라는 사람들이란다."

아버지의 말에 암스트롱의 귀가 시뻘겋게 달아오릅니다. 좀 전의 행동이 부끄럽고 후회됐어요. 제 뜻대로 되지 않았다고 억지를 부린 것이니까요. 암스트롱이 제일 많이 실망한 건 바로 자신이었답니다.

'부모님의 마음도 모르고 내 생각만 했어. 꿈은 스스로 이뤄가는 거잖아. 괜히 부모님 탓만 했는걸. 좋아! 이제부터 내 힘으로 해보자!'

밤새 자신의 행동을 반성했어요. 현명한 부모님 덕에 암스트롱의 생각 주머니도 점점 커졌습니다. 부모님처럼 지혜로운 생각이 떠올랐거든요. 그것은 혼자 힘으로 수업료를 벌겠다는 멋진 계획이었습니다.

다음 날부터 암스트롱은 아르바이트를 시작했어요. 방과 후 시간을 내어 할 수 있는 일들이었죠. 무시무시한 공동묘지에서 잔디 깎는 일도 했고, 도넛 공장에서 도넛을 굽는 일도 도왔습니다. 그때 암스트롱이 구운 도넛은 하루에 천 개가 넘었어요. 집에 돌아올 때면 온통 달달한 기름 냄새가 옷에 배어 따라왔습니다. 또, 공장을 청소하는 일도 했어요. 작은 키 때문에 구석구석 청소하기도 편했죠. 특히 반죽기 안으로 들어갈 수 있어 좋았어요. 암스트롱은 공장에서 꼭 필요한 일꾼이었답니다.

이렇게 모아진 돈은 전부 저축해두었어요. 맛있는 군것질, 재미난 장난감을 사고 싶어도 꾹 참았죠. 힘들게 돈을 벌고 보니 돈의 소중함을 더욱 잘 알 수 있었어요. 그래서 허투루 돈을 쓰지 않고 반드시 비행 수업에 쓰겠다고 다짐했습니다.

'휴, 돈을 쓰는 일은 쉬운데 버는 건 너무 힘들어. 하지만 이대로 포기할 수 없어! 난 꼭 하늘을 날고 말거야!'

하지만 아무리 일을 해도 수업료는 다 모이지 않았어요. 어린 암스트롱이 버는 돈은 아무래도 어른이 버는 돈보다 훨씬 적었으니까요. 그러던 어느 날이었습니다.

"닐, 우리는 네가 노력하는 모습을 지켜봤어. 스스로 목표를 이루려는 네가 무척 자랑스럽단다. 그래서 부족한 수업료를 보태주기로 결정했지. 내일부터 비행 수업을 들을 수 있단다!"

뜻밖의 선물이었습니다. 눈물이 왈칵 쏟아졌어요. 기쁨과 고마움이 범벅이 되어 뺨을 타고 흘러내렸지요. 부모님은 아들을 끌어안고 토닥토닥 어루만져 주었습니다. 그날 암스트롱은 깨달았어요. 참고 노력하면 얻을 수 있는 기쁨과 성취의 감동을.

부모님은 포기하지 않고 자신의 꿈을 이루려는 아들이 대견했어요. 암스트롱이라면 분명 끈기를 갖고 책임을 다할 거라 믿었습니다. 그래서 비행 수업을 허락하고, 수업료를 보태주기로 결정한 거예요. 결국 암스트롱의 의지가 이뤄낸 결과였습니다.

암스트롱은 새로운 다짐을 했어요. 어떤 일이든 혼자 힘으로 최선을 다하기로 말이죠. 다시는 자신에게 실망하는 일이 없도록 하자고 약속했습니다.

'내가 선택한 일은 반드시 스스로 책임질 테야!'

이러한 암스트롱의 태도는 훗날 우주 영웅이 탄생하는 데 커다란 영양분이 되었답니다.

꿈을 키우는 양식

하늘을 나는 기분은 어떨까요? 안개 같은 구름을 가르고 올라가면 드넓은 하늘이 나타납니다. 땅에서 본 하늘보다 더 선명한 하늘빛이 온통 주변을 감싸죠. 그곳에는 시끄러운 소리도, 북적이는 사람도 없어요. 오직 하늘과 암스트롱뿐입니다.

땅에는 집들이 깨알처럼 보여요. 들판이 한 눈에 보일 정도로 작아지죠. 마치 장난감 마을 같습니다. 하늘에서 암스트롱은 신이 된 기분이었어요. 모든 게 자기 손바닥만 해지니까요.

'이제 나는 하늘의 왕이야!'

어깨가 으쓱 올라갑니다. 암스트롱의 입가에는 미소가 떠나지 않아요. 선생님의 조종 시범이었지만 자신의 솜씨인 듯 뿌듯

해졌습니다.

암스트롱도 마침내 비행 수업을 받게 됐어요. 날지 않는 비행기 조종석에 앉아 조종하는 법을 배웠죠. 선생님의 수업은 쉽고 재미났습니다. 어릴 적 아빠의 자동차 운전석에 앉아 운전놀이를 하는 것 같았죠. 아직 십대 소년인 암스트롱에게는 비행기도 신나는 놀이였답니다.

'비행기 조종도 별거 아니군. 자동차 운전보다 쉬울 거야. 하늘엔 도로가 없잖아!'

땅에서만 하는 비행기 조종이라도 신이 났습니다. 조종석에만 앉아 있어도 덩달아 하늘을 나는 기분이었죠. 비행 수업만큼 즐거운 오락은 세상 어디에도 없을 거라고 생각했습니다.

그렇다고 장난스러운 건 아니었어요. 비행 수업을 할 때는 누구보다 진지했습니다. 자신이 좋아하고 선택한 일은 열심히 배우겠다고 이미 약속했으니까요. 그래서 암스트롱은 학교 수업만큼 비행 수업에도 최선을 다했어요. 그 덕분에 열다섯 살의 나이에 조종사 면허증을 딸 수 있었습니다.

하지만 아쉬운 점도 있었어요. 나이가 너무 어려서 실제로 비행기를 몰지는 못했죠. 그러나 누가 뭐래도 암스트롱은 어린 비행기 조종사가 확실했습니다.

"닐, 네가 이렇게 일찍 해낼 줄 몰랐어. 정말 장하다!"

어머니는 암스트롱보다 더, 뛸 듯이 좋아했어요. 아버지 역시 제 몫을 해낸 아들의 모습을 보고 흡족스러워 했습니다.

"네 뜻대로 조종사가 되었구나. 그러고 보니 꿈을 다 이룬 셈이네."

아버지는 암스트롱의 작은 어깨를 토닥여주었어요. 암스트롱은 쑥스러운 듯 잠시 머리를 긁적였어요. 그리고 초롱초롱한 눈을 반짝이며 말했습니다.

"아니요! 이제 시작인걸요. 전 비행기만 조종하는 운전자는 싫어요."

"응? 그게 무슨 뜻이니?"

"비행 수업을 들으면서 더 많은 궁금증이 생겼어요. 비행기가 어떻게 나는지, 얼마나 다양한 종류가 있는지, 자세히 알고 싶어졌거든요. 이제는 진짜 비행기 박사가 되기로 마음먹었어요!"

꿈의 새싹이 점점 더 자라났습니다. 암스트롱은 정말 비행기를 사랑했어요. 아직도 비행기에 대해 배울 것이 많았죠. 자신이 원하는 것을 얻었다고 해서 멈추는 아이가 아니었습니다.

새싹이 커다란 나무로 자라려면 물과 햇빛이 있어야 하잖아요? 암스트롱도 자신의 꿈에 물과 햇빛을 듬뿍 주기로 결심했답니다.

'항공 공학을 공부하는 대학에 들어가야지. 그래서 비행기의 원리를 배우고, 직접 비행기도 만들어 볼 거야.'

그날부터 암스트롱은 공부와 독서에 취미를 붙였어요. 공부와 독서는 꿈을 키워주는 물과 햇빛이랍니다. 공부는 지식을 차곡차곡 쌓아주고, 독서는 넓은 상상력과 지혜를 심어주니까요.

특히 과학과 수학을 제일 좋아했어요. 비행기를 배우려면 반드시 필요하다고 믿었거든요. 이런 암스트롱의 생각은 옳았죠. 공부와 독서를 열심히 한 덕분에 블룸 고등학교에서 꽤 우수한 학생이 되었습니다.

암스트롱은 당연히 항공 공부를 할 자격이 충분했어요. 하지만 새로운 고민도 생겼습니다. 비싼 대학 등록금을 어디서 구해야 할지 막막했거든요. 가난하지는 않았지만 그리 넉넉한 형편도 아니었습니다.

아르바이트를 시작하더라도 언제 등록금을 다 모을지 막막했습니다. 비행 수업료와는 비교할 수도 없을 만큼 큰돈이 필요했으니까요. 늘 파랗던 암스트롱의 마음에 시커먼 먹구름이 몰려왔습니다. 이대로 포기해야 하는 걸까요? 등록금 고민이 한창이던 어느 날이었습니다.

"따르릉! 따르릉!"

한 통의 전화가 조용한 집을 깨웁니다. 수화기를 타고 햇살 같은 소식이 전해졌어요. 암스트롱은 하늘을 날아오른 것처럼 기뻤습니다.

"제가 대학생이 되었어요! 대학에서 해군 장학금을 준대요. 앞으로 등록금 걱정 없이 공부할 수 있어요!"

가족들도 놀라움과 기쁨을 감추지 못했어요. 남몰래 가슴을 졸이던 아버지의 얼굴도 오랜만에 환해졌습니다. 공부와 독서를 꿈의 양식으로 삼은 건 아주 훌륭한 선택이에요. 좋은 성적 덕분에 위기를 기회로 바꿀 수 있었잖아요. 어느새 암스트롱은 현명하고 지혜로운 청년으로 자라고 있었답니다.

1947년 2월, 암스트롱은 열일곱의 나이에 대학생이 되었어요. 퍼듀 대학의 항공학과에 입학한 암스트롱은 새로운 출발을 위해 호흡을 가다듬었습니다.

시작은 원래 두려운 거야!

퍼듀 대학은 인디애나 주에 있는 아주 유명한 학교입니다. 특히 암스트롱이 다니는 항공우주공학 분야를 알아주죠. 세계에서 가장 수준 높은 공부를 하는 곳 중 하나예요. 이 때문에 암스트롱은 혼란스러운 한때를 보내기도 했습니다.

대학교는 온통 모르는 것 투성이입니다. 으리으리한 학교는 길을 잃기도 쉽게 생겼어요. 첫날에는 어디로 가야 하는지 몰라 지각을 하기도 했습니다. 주변 사람들도 모두 새로운 얼굴뿐이라 도움을 청하기도 힘들었죠. 평소 무서움이 없던 암스트롱도 낯선 곳에서는 온 신경이 곤두섰습니다.

무엇보다 암스트롱을 긴장시킨 건 공부였어요. 선생님의 설명을 들어도 알 수 없었거든요.

'도무지 수업이 이해가 안 돼. 다른 나라 말을 듣는 것 같잖아. 과학은 또 왜 이렇게 어려운 거야?'

실타래가 엉킨 것처럼 머릿속이 복잡했어요. 처음에 암스트롱은 학교에 제대로 적응하지 못했습니다. 누구나 새로운 장소에 가면 어색하기 마련이잖아요. 암스트롱도 대학교 일 학년 시절에는 공부에 집중하지 못하고 외톨이로 지냈답니다.

"가끔 내가 바보처럼 느껴져. 다른 사람들은 모두 잘 지내고 있는데……."

한번은 기숙사 친구에게 고민을 이야기 했어요. 그러자 친구는 이렇게 말했습니다.

"너도 그래? 나만 그런 줄 알았지. 항상 씩씩해 보이는 닐도 이런 고민을 하고 있다니! 정말 의외인걸."

그날 암스트롱은 깨달았어요. 낯선 일은 모두 두려워한다는 사실을요. 다만 가슴속에 꽁꽁 숨겨두고 말을 안 한 것뿐이었답니다. 덩달아 비밀을 고백하게 된 친구 덕분에 또 하나를 배운 암스트롱입니다.

'시작은 언제나 노력이 필요한 거구나!'

처음부터 잘할 수는 없어요. 새로운 장소, 새로운 공부, 새로운 친구들. 모두 친해지려는 노력이 필요하죠. 그것이 익숙하고 편안해지는 과정입니다. 그래서 암스트롱은 걱정을 버리기로 했어요. 낯설다고 움츠려들기보다 오히려 당당하기로 마음먹었습니다.

친구들에게 먼저 인사를 건네고, 모르는 문제가 생기면 곧장 질문을 했어요. 미로처럼 복잡한 학교에서 길을 잃어도 절대 당황하지 않았습니다.

'오, 여기 이렇게 멋진 장소가 있었네! 내가 마치 탐험가가 된 기분이야. 기억해두었다가 친구들에게 알려줘야지.'

이렇게 밝은 생각만 했더니 어느새 대학 생활도 적응이 됐어요. 학교를 집 앞마당처럼 훤히 꿰뚫었죠. 성적도 우수한 편에 속했습니다. 혼란스러웠던 시간을 잘 견디고 평화로운 대학 생활을 보내던 어느 날이었습니다.

더 이상 낯설고 두려울 것이 없다고 생각했는데 뜻밖의 새로운 도전이 암스트롱을 기다리고 있었답니다.

"지금 해군에 입대해야 한다고요?"

암스트롱의 얼굴은 흙빛으로 바뀌었습니다.

"네. 앞으로 해군에서 항공병으로 복무해야 합니다. 서둘러 입대 준비를 하세요."

갑작스러운 소식이 전혀 달갑지 않았어요. 한창 대학 생활에 재미를 붙인 터라 서운함이 가득했죠. 하지만 암스트롱도 전혀 몰랐던 사실은 아니에요. 해군 장학금을 받아 대학에 다니는 대신 한 가지 조건이 있었답니다. 장학금에 대한 보답으로 미국 해군에서 복무할 것! 바로 그날이 찾아온 것입니다.

처음 집을 떠날 때처럼 한동안 아쉬움이 밀려왔습니다. 그나마 암스트롱을 위로한 건 항공병이 된다는 사실이었어요. 항공병이라면 직접 비행기를 몰 수 있으니까요. 예전과 달리 암스트롱은 더 이상 시작을 두려워하지 않아요. 오히려 좋은 점을 찾아내 반갑게 맞았습니다.

'그래, 차라리 잘됐어! 아직 진짜 비행기를 조종해보지 못했잖아. 이번 기회에 실컷 타보는 거야!'

비행기를 생각하니 저절로 힘이 생깁니다. 역시 암스트롱의 비행기 사랑은 변하지 않았어요. 하늘을 나는 일이라면 얼마든지 새롭게 도전할 수 있는 암스트롱이었답니다.

암스트롱이 항공병이 된 건 퍼듀 대학교에서 2년을 공부한 후였어요. 당시 해군 장학금을 받은 학생들은 의무적으로 군인이 되었죠. 암스트롱도 마찬가지로 해군으로서 훈련을 받았습니다.

첫 근무지는 플로리다 주 펜서콜라에 있는 비행 훈련 학교였어요. 말만 해군이었지 그곳에서 암스트롱이 한 일은 전투기 모는 법을 배우는 것이었습니다. 그리고 대학교 때처럼 항공 공학도 공부했죠. 사실 훈련만 빼면 학생 때와 별반 다를 게 없었답니다.

암스트롱은 비행 훈련 학교를 졸업하면 다시 퍼듀 대학으로 돌아와 공부할 계획이었어요. 하지만 그의 계획은 뜻대로 이루어지지 않았습니다. 아주 먼 지구 저편으로 날아가야 했으니까요.

최초의 비행기와 비행사

　1903년 12월 17일. 미국 노스캐롤라이나 키티호크 해안에서 진기한 실험이 벌어졌습니다. 자전거 가게를 운영하던 형 윌버 라이트와 동생 오빌 라이트는 커다란 잠자리처럼 생긴 물건을 하늘로 날려 보내는 데 성공했어요. 12초라는 아주 짧은 시간이었지만 이것은 세계 최초로 사람이 탄 비행기였습니다. 바로 라이트 형제가 만든 '플라이어'라는 비행기였죠.

　비행기 하면 우리는 먼저 라이트 형제를 떠올려요. 라이트 형제는 최초로 비행기를 만든 사람입니다. 그들이 만든 비행기 플라이어 호는 모두 세 대가 있어요. 플라이어 1호는 12초의 짧은 비행기록을 남겼고, 2호에 이어 1905년에 제작된 플라이어 3호는 무려 38분 3초라는 비행기록을 세웠죠. 역사상 진정한 첫 번째 비행기는 바로 이 플라이어 3호라 할 수 있습니다.

　라이트 형제 이전에도 비행기와 비슷한 물건은 많았어요. 바람의 힘으로 하늘을 나는 행글라이더와 열기구가 그것이죠. 하지만 정확히 비행기라고 말하지는 않아요. 비행기는 동력에 의해 스스로 하늘을 날고, 마음대로 방향 조종이 가능해야 하거든요. 이 때문에 아쉽게도 우리나라에는 라이트 형제의 플라이어보다 300년이나 앞선 '비차'라는 비행도구가 있었지만 최초의 비행기로는 인정되지 못했습니다.

　'비차'는 임진왜란 당시 하늘을 날며 적의 이동경로를 파악하는 중요한 역할을 했어요. 조선의 학자 이규경은 "임진왜란 때 정평구란 사람이 비차를 만들어 진주성에 갇힌 사람들을 성 밖으로 데리고 나왔는데, 그 비차는 30리를 날았다"라고 적었어요. 또한 일본 역사서에도 비차에 대한 기록이 남아 있답니다.

그러나 모두 기록이 글로만 남아 있을 뿐 어떤 모습으로 어떻게 날았는지, 전혀 알려지지 않았어요. 정확한 설계도와 원리가 지금까지 전해지지 않고 있죠. 만약 새로운 증거들이 나오고, 비차가 동력으로 날았다는 설계도가 발견된다면, 우리나라가 세계 최초로 비행기를 만든 나라로 기록될 수 있었을 텐데요. 여러모로 아쉬운 점이랍니다.

또, 우리나라처럼 프랑스도 아쉬운 역사가 있어요. 프랑스의 클레망소라는 발명가는 라이트 형제보다 앞서서 증기기관으로 잠깐 떠오를 수 있는 물건을 만들었어요. 하지만 이것은 조종 장치가 없어서 마음대로 방향을 조종할 수 없었죠. 그런 이유 때문에 최초의 비행기로 인정해주지 않았습니다. 물론 프랑스에서는 아직도 클레망소의 비행 도구가 최초의 비행기라고 주장하고 있어요. 그렇지만 역사는 라이트 형제의 플라이어를 최초의 비행기라 기록하고 있답니다.

그럼, 최초의 비행사도 라이트 형제일까요? 물론, 비행기를 만든 라이트 형제가 최초의 비행기 조종사가 맞아요.

하지만 비행기 이전에 하늘을 난 최초의 도구는 열기구에요.

　지금으로부터 200여 년 전, 프랑스에서 열기구 실험에 참여할 사람을 구했어요. 당시 과학자들은 열기구가 성공할지 의문이었고, 하늘에서 사람이 숨을 쉴 수 있는지도 몰랐어요. 그래서 국왕에게 사형수 두 명을 보내달라고 했죠. 하지만 국왕은 만약 실험에 성공한다면, 세계 역사에 사형수의 이름이 남을 수 있다며 이를 거절했습니다. 그래서 양, 오리, 수탉을 태우기로 결정했죠. 양, 오리, 수탉을 태운 이유는 하늘에서 사람도 숨을 쉴 수 있는지 알아보기 위해서였어요. 이들 중 오리만 살아 돌아온다면, 이것이 하늘에서는 새들만 숨을 쉴 수 있다는 증거라고 생각했어요.

　과연 결과는 어떻게 됐을까요? 열기구 실험은 성공했고, 당연히 세 마리의 동물 모두 살아남았어요. 따라서 최초로 하늘을 난 비행사는 사람이 아닌 양, 오리, 수탉이라 할 수 있어요. 이 동물들 덕분에 인간도 하늘을 날 수 있다는 것을 알게 되었답니다.

두려움을 이겨내고
용감한
비행사가 됐어요

해군이 된 암스트롱, 한국으로 출동!

펜서콜라에서의 훈련은 생각보다 어렵지 않았어요. 하루 종일 비행기 생각만 하면 됐습니다. '뜀뛰기'라 불리는 짧은 비행 훈련을 하며 비행기 조종을 익히죠. 그런 다음, 홀로 비행을 나가요. 비행 훈련이 없는 시간에는 항공 수업을 받기도 합니다. 모두 비행기 박사 암스트롱에게는 매우 신나는 훈련이었습니다.

1950년 8월, 암스트롱은 비행 훈련 학교를 졸업했어요. 겨우 스무 살의 나이에 정식으로 해군 비행사가 되었습니다. 해군 비행사가 되면 졸업장 대신 날개 모양의 배지를 받아요. 가슴에 날개 배지를 달면 저절로 힘이 솟아나는 듯했습니다. 암스트롱의 어깨도 우쭐거렸습니다. 하지만 한편으로는 아쉬운 마음도 들었어요.

'좀 서운한데……. 해군을 마치면 마음껏 비행기를 몰 수 없겠지?'

해군이 좋았던 건 오직 비행기 때문이었습니다. 그때처럼 자유롭게 날아본 적이 없으니까요. 막상 이곳을 떠난다니 살짝 섭섭한 생각도 들었습니다. 그래도 암스트롱은 비행사에서 다시 대학생이 되어야 했습니다. 아직 2년 동안 대학에서 공부할 것이 남았거든요. 이제 대학교로 돌아가면 더 열심히 공부해야겠다고 다짐했습니다.

"제가 대학교로 돌아갈 수 없다고요?"

"맞아. 자네는 지금 대학교로 돌아갈 수 없다네."

뜻밖의 소식이 암스트롱을 붙잡았습니다. 퍼듀 대학으로 돌아가려던 계획은 한순간에 깨지고 말았어요. 그 대신 암스트롱에게 아주 중요한 임무가 주어졌습니다.

"닐 암스트롱은 이제부터 해군 비행사로서 전쟁터에 나가야 하네. 지금 아시아에서 심각한 전쟁이 벌어지고 있어."

"아시아에서요? 전쟁이 벌어진 곳이 어디입니까?"

"바로 한국일세. 우리는 곧장 한국으로 날아갈 거야."

천둥소리처럼 심장이 마구 두근거렸습니다. 전쟁이라는 말에 암스트롱은 겁이 났어요. 어릴 적 전쟁놀이는 해봤지만 진짜 전쟁터로 떠나리라고는 생각지도 못했으니까요. 게다가 한국이란 나라가 어디 있는지조차 몰랐던 암스트롱입니다.

'내가 목숨을 걸고 싸워야 하는 곳이 한국이라고? 도대체 그곳에서 어떤 일이 벌어진 걸까?'

낯선 나라를 생각하니 더욱 용기가 나지 않았어요. 하지만 군인으로서 끝까지 책임을 다하기로 마음먹었어요. 자꾸만 튀어나오려는 두려움을 꾹꾹 누르고, 암스트롱은 마침내 한국전쟁 속으로 뛰어들었습니다.

1950년 6월 25일, 북한이 남한을 침략하며 한국전쟁(6·25전쟁)이 시작됐어요. 그때 미국은 남한을 도와 전쟁을 이끌었죠. 그래서 암스트롱도 해군 비행사로 한국에 오게 된 것입니다.

한국전쟁은 남한과 북한만의 전쟁이 아니었어요. 사실 민주주의 국가와 공산주의 국가의 싸움이라 말할 수 있습니다. 한반도는 민주주의 정부인 남한과 공산주의 정부인 북한으로 나뉘어 있잖아요. 북한이 전쟁을 일으켜 남한도 공산주의로 물들이려고 하자, 평화를 지키려 모인 많은 민주주의 국가들이 미국과 힘을 합쳐 남한을 도왔어요. 하지만 공산주의 국가였던 중국과 러시아도 가만히 있지 않았죠. 군인들을 보내 북한에 힘을 보태주었습니다. 이 때문에 한국전쟁은 점점 더 치열해지고 오랜 시간 동안 계속되었답니다.

하루 종일 포탄 소리가 곳곳에서 끊이지 않았어요. 하늘에서 바라본 한국은 온통 불바다처럼 연기가 피어올랐습니다. 길 위에는 수많은 사람들이 철길처럼 띠를 만들고 있었어요. 모두 전쟁을 피해 피난을 떠나는 사람들이었죠. 그들을 볼 때마다 암스트롱은 몹시 슬펐습니다. 앞으로 그들이 겪게 될 전쟁터의 끔찍한 광경이 한눈에 들어왔으니까요.

'전쟁은 정말 무섭고 잔인해. 어떤 이유로든 수많은 사람의 생명을 앗아가는 건 정당하지 못해! 어서 빨리 이곳에 평화가 찾아왔으면 좋겠어.'

마음이 쇳덩이처럼 무거웠습니다. 스무 살인 어린 조종사에게 전쟁은 공포일 뿐이었어요. 한시도 긴장을 늦추면 안 됐어요. 언제 적군의 총알이 날아올지 모르거든요. 전투기 속에서도 암스트롱은 마네킹처럼 뻣뻣하게 굳어 있었습니다.

암스트롱이 속한 부대는 제51전투비행단이었습니다. USS에섹스 호라는 거대한 항공모함에 머물며 그곳의 제트기를 모는 조종사였지요. 그중에서 암스트롱은 가장 어린 조종사이기도 했습니다. 그의 임무는 적군이 있는 곳으로 날아가 다리와 철로를 폭파하거나, 몰래 적군을 살피는 정찰 임무였어요.

그러려면 아주 위험한 비행을 해야 합니다. 최대한 땅과 가깝도록 낮게 날아야 했거든요. 당연히 적군의 눈에 띄기도 쉽고, 총알이 날아오면 피하기도 어려웠어요. 그래서 최고의 비행 조종사가 아니라면 해낼 수 없는 일이었답니다.

하지만 암스트롱은 이 모든 임무를 훌륭히 해냈습니다. 위험하고 긴장되는 순간에도 언제나 침착함을 잃지 않았어요. 차분하고 신중하게 비행한 덕분에 일흔여덟 번의 임무를 무사히 마칠 수 있었답니다. 나이는 가장 어리지만 암스트롱은 누가 뭐래도 최고의 비행 조종사였습니다.

위험한 임무, 비행기가 떨어지고 있어요!

"메이데이, 메이데이! 적에게 포격당했다. 비행기가 추락한다!"

다급한 목소리가 무전기를 타고 흘러들어갔습니다. 날개에 검은 연기가 피어오르고, 엔진이 요란한 굉음을 내며 멈췄어요. 심하게 요동치던 제트기도 롤러코스터처럼 순식간에 땅바닥으로 곤두박질치기 시작했습니다.

"메이데이, 메이데이! 비행기 엔진이 파손됐다. 착륙 불가능! 비행기를 버리고 탈출한다. 반복한다! 비행기를 버리고 탈출한다."

암스트롱은 무전기를 꺼내 구조신호를 보냈어요. 그러는 동안에도 제트기는 땅으로 빨려 들어가듯 계속해서 떨어지고 있었습니다.

1951년 9월 3일. 여느 날처럼 암스트롱은 임무를 수행하러 팬더 제트기에 올랐어요. 이번 작전은 그 어느 때보다 위험했습니다. 산 지역을 낮게 날며 적군의 부대를 직접 폭격해야 했으니까요. 그날따라 비행에 막중한 부담감이 들었습니다.

'이번 임무도 무사히 넘겨야 할 텐데……. 이러다 내 심장이 먼저 터져버리겠어.'

매번 제트기에 오를 때마다 가슴이 졸였다 풀렸다 반복됐어요. 아무리 뛰어난 비행사라도 적의 하늘을 나는 건 긴장되는 일이었습니다. 암스트롱은 최대한 낮게 비행하며 적을 폭격했습니다.

그런데 적군도 기회를 놓치지 않았어요. 금세 발각된 암스트롱을 향해 포탄이 날아왔습니다. 피할 겨를도 없이 제트기는 꼼짝없이 포탄을 맞고 휘청거렸어요. 간신히 적을 피해 멀어지긴 했지만 통제력을 잃고 추락하기 시작했습니다.

'맙소사! 이대로 있다가는 비행기와 함께 폭발하고 말거야! 어떻게 하지?'

순간 정신이 아득했어요. 비행기가 떨어지는 속도는 점점 빨라졌고, 심지어 골짜기에 매달린 전선줄에 걸려 오른쪽 날개마저 부러져버렸습니다. 당황한 암스트롱은 잠시 우물쭈물했지만 이내 정신을 바짝 차렸습니다.

'위기일수록 침착해야 해! 훈련한 대로 차근차근 헤쳐 나가자!'

숨을 크게 들이킨 암스트롱은 입술을 꾹 깨물었어요. 그리고 곧장 조종간을 다시 잡고 같은 편이 있는 지역으로 떨어지도록 방향을 돌렸습니다. 만약에 적군의 지역으로 추락하면 구출되기 어려울 테니까요. 다행히 비행기는 원하는 곳으로 날아가듯 추락하고 있었습니다.

"메이데이, 메이데이! 비행기를 버리고 탈출한다!"

"치지직, 치지직"

이미 심하게 부서진 비행기는 착륙이 불가능했어요. 본부의 무전을 들을 여유도 없었죠. 결국 암스트롱은 낙하산을 둘러매고 비행기에서 탈출했습니다. 다행히 평평한 논에 내려앉아 크게 다치지는 않았어요. 엉덩이가 욱신거리는 것 빼고는요.

'휴, 정말 다행이야! 적군이 없는 지역에 떨어졌잖아. 빨리 몸을 숨기고 구조대원을 기다려야겠군.'

사실 암스트롱이 추락한 곳은 적군이 점령한 지역이었어요.

그나마 주변에 군인들이 없어 안전하게 몸을 숨길 수 있었죠. 하지만 쉽게 마음을 놓을 수 없었어요. 언제 들킬지 모르니까요. 안전한 본부로 돌아갈 때까지 꽁꽁 숨어 있는 수밖에 없었습니다.

얼마나 시간이 흘렀을까요? 암스트롱은 작은 소리에도 귀를 쫑긋 세우며 주변을 경계했어요. 가끔 먼 지역에서 총소리라도 울리면 심장이 콩닥콩닥 요동쳤어요. 하늘에서 듣던 것보다 땅에서 듣는 총포소리는 더욱 무시무시했습니다.

바로 그때였어요. 수상한 발자국 소리가 암스트롱이 숨어 있는 곳으로 천천히 다가오고 있었습니다.

'누구지? 적군일까, 아군일까?'

침이 꼴딱꼴딱 넘어갔습니다. 발자국 소리가 점점 가까워질수록 총을 든 손에는 힘줄이 불끈 솟아올랐습니다. 잔뜩 움츠린 채 긴장한 모습이 마치 고슴도치 같았어요. 빼죽한 바늘처럼 암스트롱의 신경도 온통 곤두섰습니다.

"추락한 제트기 발견! 주변을 샅샅이 수색하라."

무전기 소리가 귓가에 들려왔어요. 암스트롱은 그제야 빳빳하게 힘이 들어갔던 몸이 사르르 녹아내리는 것 같았습니다. 무전으로 흘러나오는 말은 매우 익숙한 영어였거든요. 미 해병대가 암스트롱 구출작전을 벌이고 있었던 것입니다.

'이제 난 살았다!'

암스트롱은 하루 만에 구출됐어요. 비행기가 떨어지는 와중에도 침착하게 구조 요청을 한 덕분에 쉽게 적을 피해 탈출할 수 있었죠. 이틀 뒤에는 본부가 있는 항공모함으로 돌아왔습니다.

하마터면 적군의 포로가 되거나 목숨을 잃을 뻔한 위험한 순간이었어요. 하지만 어려운 상황 속에도 침착함을 잃지 않은 덕분에 위기를 피해갈 수 있었죠. 꼬리뼈에 살짝 금이 간 것 말고는 다친 곳도 없었답니다. 이번 경험으로 암스트롱은 크게 깨달았습니다.

'어떤 순간에도 절대 당황하지 말자! 차분하게 생각하면 이겨내지 못할 어려움은 없어.'

암스트롱의 마음은 더욱 단단해졌습니다. 전투기를 탈 때마다 느끼던 두근거림도 사라졌어요. 계속해서 비행임무를 해낸 암스트롱은 121시간의 전투 비행 기록을 가지고 있어요. 이 용감한 비행사는 많은 훈장을 받고 1952년 8월 자신의 조국으로 돌아갈 수 있었습니다.

암스트롱이 고향으로 돌아간 후에도 전쟁은 1년간 더 벌어졌어요. 3년 동안 계속된 한국전쟁은 마침내 1953년 7월에 중지하기로 약속했죠. 그리고 아직까지 한반도는 휴전선을 사이에 두고 남한과 북한으로 나뉜 분단국가로 남아 있습니다.

마음의 병을 이기는 방법

암스트롱에겐 참 많은 일들이 있었어요. 3년 동안 미룬 공부를 다시 시작했고, 친목회에도 들었죠. 그리고 스물두 살의 나이에 첫사랑도 만났답니다. 바로 재닛 쉬어론이라는 열여덟 살의 어여쁜 신입생이었어요.

재닛 쉬어론은 활발하고 사람들과 어울리길 좋아하는 아가씨예요. 모두들 그녀를 '젠'이라고 불렀습니다. 암스트롱은 쾌활하고 유쾌한 젠을 사랑하지 않을 수 없었어요. 젠처럼 사람을 즐겁게 해주는 재주가 그에게는 없었거든요. 그래서 암스트롱에게 젠만큼 좋은 짝은 없었답니다.

젠과 암스트롱은 서로에게 든든한 친구이자 연인이 되었어요. 고민이 생길 때마다 함께 걱정하고, 문제를 해결해 나갔죠. 암스트롱이 방황할 때도 젠은 누구보다 큰 힘이 되어 주었습니다.

졸업을 얼마 앞둔 어느 날이었어요. 암스트롱은 갑자기 찾아온 고민 때문에 영 기운이 나지 않았습니다.

"모든 게 다 시시해져 버렸어. 앞으로 무엇을 해야 할지 모르겠단 말이야."

얼굴을 잔뜩 찌푸린 채 말했습니다. 사실 며칠 전부터 하고 싶은 일이 전혀 생각나지 않았어요. 마음이 도망이라도 간 것처럼 모든 의욕이 사라져버린 암스트롱이었습니다.

"닐, 너무 걱정하지 마. 즐거운 상상을 해보면 어떨까? 그럼 분명히 하고 싶은 일이 생각날 거야!"

젠은 암스트롱을 위로해주었습니다. 하지만 그녀의 다정한 미소에도 여전히 속상할 뿐이었습니다. 지금껏 이렇게 답답한 적은 없었거든요. 가슴에서 찬바람이 부는 것같이 시리고 허전했습니다. 암스트롱은 마음의 병에 걸린 게 분명했습니다.

"정말 그럴까? 하지만 확실한 건 내가 길을 잃어버렸다는 거야."

풀이 죽은 목소리로 말했습니다. 젠은 그런 암스트롱이 매우 안타까웠습니다.

"그렇지 않아, 닐. 너에게는 단지 시간이 필요한 것뿐이야. 자신에 대해 곰곰이 생각해보는 시간! 그럼, 마음의 길을 다시 발견할지도 몰라."

암스트롱은 젠의 충고를 따르기로 했어요. 마음을 가다듬고 지난날들을 되돌아봤습니다.

수많은 추억이 영화처럼 펼쳐졌어요. 비행기 조종사가 되고 싶어 아르바이트를 했던 기억. 풋내기 대학교 시절. 해군이 되고 전쟁터에 다녀왔던 일들이 머릿속을 스쳐갔지요. 암스트롱은 눈을 꼭 감고 지난 일들을 차곡차곡 정리해가기 시작했습니다.

'내가 만든 장난감 비행기가 최고로 멋졌는데. 그땐 비행기를 만들며 하늘을 나는 상상을 하곤 했어. 그런데 진짜 비행기 조종사가 되어 하늘을 날았다니! 정말 믿을 수 없어. 모든 게 기적 같은 일이야!'

어느새 암스트롱은 장난감 비행기 하나만으로도 세상을 다 가진 듯 행복해하던 소년으로 돌아갔습니다. 입가에 미소가 스르르 번졌어요. 눈가에도 촉촉하게 눈물이 맺혔지요. 얼어붙은 마음에 봄이 찾아온 것 같이 포근해졌습니다.

그제야 암스트롱은 깨달았습니다. 진정으로 가슴 뛰고 설레는 일이 무엇인지를. 마침내 잃어버렸던 마음의 길을 발견하는 순간이었습니다.

"젠, 내가 슬럼프에 빠졌던 건 목표를 잃어버렸기 때문이야. 정식 비행사가 되고 나니 더 이상 이룰 꿈이 없다고 생각했거든. 그건 정말 대단한 착각이었어."

그랬습니다. 마음이 허전했던 건 꿈이 사라졌기 때문이었어요. 목표가 없으면 마음이 병들기 쉽거든요. 그럴 때는 시간을 갖고 자신과 대화를 나눠야 해요. 즐겁고 행복했던 순간을 생각하다 보면 하고 싶은 일을 발견할 수 있답니다. 바로 암스트롱처럼 말이죠.

"미안하지만 젠, 사실 나의 첫사랑은 비행기야. 비행기가 좋아서 알고 싶어졌고, 만들고 싶어 했지. 조종사 면허증을 딴 이유도 그래. 비행기와 함께 하늘을 날 수 있어서였어. 나의 꿈은 단순히 비행기 조종사가 아니었던 거야."

암스트롱의 목소리는 어느 때보다 진지하고 확신에 차 있었습니다. 그때 젠이 물었습니다.

"그럼 네가 정말 하고 싶은 일은 뭐야?"

"좋은 질문이야. 그래서 새로운 목표를 정했어. 앞으로 나는 더 멋진 비행기를 만드는 데 도움을 주는 사람이 될 거야!"

"역시 닐은 멋져!"

젠의 말에 암스트롱은 웃음이 터졌습니다. 한바탕 웃고 나니 기분이 상쾌해졌어요. 암스트롱은 젠이 더없이 고맙고 소중했습니다. 젠 덕분에 마음과 대화하는 법을 터득했으니까요.

가슴 깊은 곳에서 사라졌던 의욕이 불끈불끈 솟아올랐습니다. 마침내 암스트롱은 슬럼프에서 완전히 벗어나게 되었습니다. 그의 마음에는 희망의 불꽃이 모락모락 피어올랐습니다.

'그래, 걱정만 한다고 나아지는 건 없어. 지금부터 할 수 있는 일을 열심히 찾아볼 거야. 나의 미래를 위해, 그리고 젠을 위해.'

어느 날 갑자기 찾아온 불행

"에프-4호, 오늘 잘 부탁해."

비행기에 오를 때마다 암스트롱은 속삭이듯 이야기했어요. 비행기 앞머리를 부드럽게 쓰다듬어주고, 다정하게 토닥토닥 두들겨주기도 하지요. 항상 새 비행기를 탈 때마다 아기 다루듯이 조심합니다. 실험용 비행기를 시험하는 첫 날이기 때문입니다.

실제로 암스트롱이 타는 비행기는 아기 비행기가 맞아요. 비행기가 만들어지고 세상에 처음 나왔거든요. 이렇게 갓 태어난 비행기를 조종하는 것이 암스트롱의 일이랍니다. 그는 실험용 비행기를 조종하는 시험 비행 조종사가 되었습니다.

시험 비행 조종사는 새로 나온 최신형 비행기를 타고 제일 먼저 날아보는 사람이에요. 비행기의 성능을 살피고, 좋은 점과 나쁜 점을 알려주는 일을 하죠. 그래서 시험 비행은 더 나은 비행기를 만드는 데 없어서는 안 될 중요한 임무 중 하나입니다.

암스트롱의 목표와 딱 어울리는 일이기도 했죠. 새로운 종류의 비행기를 모는 것도 즐거웠지만, 무엇보다 성능 좋은 비행기를 만드는 데 큰 도움이 되니까요.

1956년, 암스트롱은 학교를 졸업하고 몇 달 뒤에 젠과 결혼식을 올렸어요. 그리고 캘리포니아에 신혼살림을 차렸지요. 최신형 비행기를 시험하는 장소가 캘리포니아주 모하비 사막에 있는 에드워즈 공군기지에 있었거든요.

그 바람에 젠은 미처 대학을 끝마치지도 못했습니다. 하지만 후회하지는 않았습니다. 젠은 닐의 일이 우선이라고 생각했으니까요. 이런 젠의 배려 덕분에 암스트롱은 자신의 목표를 이룰 수 있었습니다.

'모든 게 다 완벽해!'

평화롭고 행복한 날들이 계속 됐습니다. 만족스러운 직장도 얻었고, 작은 오두막이지만 아늑하고 포근한 보금자리도 있었습니다. 그들의 집은 가브리엘 산맥의 꼭대기에 있었어요. 하늘에서 일을 하는 암스트롱은 젠도 하늘 가까이에 두고 싶었거든요.

마을과 멀리 떨어져 있긴 했지만 둘은 그 집을 무척 좋아했습니다. 때때로 암스트롱이 비행기를 타고 지날 때면 젠은 테라스에 나와 손을 흔들어주곤 했어요.

"닐, 조심히 운전해요."

암스트롱에게는 들리지도 않는데 당부도 잊지 않습니다.

그렇게 꿈같은 신혼이 지나고 1년 뒤에는 첫째 아들 에릭이 태어났어요. 그리고 또 2년 뒤에는 귀여운 딸 카렌도 태어났죠. 두 아이가 자랄수록 암스트롱 가족의 행복도 쑥쑥 커졌답니다.

그러던 어느 날이었어요. 마냥 행복하기만 할 것 같던 암스트롱의 가족에게도 뜻하지 않는 슬픔이 찾아왔습니다.

"안타깝지만 카렌의 뇌에서 종양이 발견됐어요. 마음의 준비를 하셔야 될 것 같습니다."

의사의 말에 하늘이 무너지는 것 같습니다. 어린 딸의 뇌에 암이 자라다니! 끔찍하고 괴로운 소식이었습니다. 암스트롱은 자신을 원망했어요. 일찍 딸의 건강을 챙기지 못했다고 생각했으니까요.

'고작 두 살밖에 안된 딸을 지키지 못하다니……. 나는 정말 아빠자격이 없어.'

슬픔이 깊은 건 엄마 젠도 마찬가지였어요. 병으로 고통스러워하는 딸을 지켜볼 수밖에 없었거든요. 그녀가 할 수 있는 일이라곤 아파하는 딸을 꼭 껴안아주는 것뿐이었습니다. 그렇게 엄마의 품에서 1962년 1월의 어느 일요일 아침, 카렌은 숨을 거두고 말았습니다.

햇살만 가득했던 집에 깜깜한 어둠이 내려앉았습니다. 암스트롱과 젠도 며칠 사이에 폭삭 늙은 사람처럼 기운이 없었어요. 그나마 아들 에릭을 위해 조금씩 움직일 뿐이었습니다.

'그래. 카렌은 잃었지만, 남아 있는 에릭을 위해 힘을 내자! 나는 아직 아빠니까.'

딸을 하늘나라로 보내고 일주일 뒤, 암스트롱은 다시 시험 비행을 시작했습니다. 그는 아무렇지 않은 듯 사람들과 비행기에 인사를 건넸어요. 모두들 그의 슬픔을 알지만 함부로 위로해주지 못했습니다. 암스트롱이 전혀 티를 내지 않았으니까요.

대부분의 사람들은 슬픈 일을 겪으면 얘기를 나누며 아픔을 견딥니다. 하지만 암스트롱은 그러지 않았어요. 슬픔을 속으로 삼키며 혼자 인내하려고 애썼습니다. 자신이 흔들리면 아내와 아들이 더욱 괴로워할 거라는 걸 잘 알고 있었으니까요.

"젠, 울음을 참으려고 애쓰지 마. 당신과 에릭은 약해져도 돼.

내가 항상 곁에서 지켜줄 테니까!"

암스트롱은 책임감이 강한 가장이었습니다. 든든한 암스트롱의 보살핌 덕분에 젠과 에릭은 점차 슬픔에서 벗어날 수 있었습니다.

하지만 모든 게 예전 같지는 않았어요. 딸의 죽음은 여전히 깊은 상처였습니다. 마음껏 슬퍼할 수 없었던 암스트롱에게는 더 그랬죠. 그래서 그 뒤로도 카렌에 대해 이야기하지 않았어요. 새로 만난 친구들은 그에게 딸이 있었는지조차 모를 정도로 말이죠. 암스트롱은 카렌을 철저히 자신의 가슴속에만 담아두고 있었답니다.

이제는 하늘도 많이 달라졌습니다. 한없이 자유로웠던 그곳이 답답하게 느껴지기 시작했어요. 드넓게 펼쳐진 푸름이 마치 암스트롱을 가로막는 유리창 같았습니다.

'저 하늘 너머로 가면 카렌이 있을 것만 같아……. 더 높이, 더 멀리, 그곳으로 가고 싶어!'

몇 달 뒤 암스트롱은 커다란 결심을 했습니다. 그것은 암스트롱의 인생을 송두리째 바꿔놓을 어마어마하고 위대한 결정이었습니다.

우주 비행에 한 발짝 다가섰어요

"오늘 시험 비행은 어떤 의미가 있습니까?"
한 기자가 물었습니다.
"천문학자가 우주를 관찰할 때 망원경을 이용하듯이 우리는 비행기를 이용해서 온갖 정보를 수집합니다. 비행을 자주 나간 것은 아니지만 일단 나가면 믿을 수 없을 정도로 흥분돼요. 그곳에서 우주공간이 시작되죠."
암스트롱은 떨리는 목소리로 대답했습니다. 비행의 흥분은 좀처럼 가라앉지 않았어요. 참으로 오랜만에 느껴보는 짜릿하고 설레는 기분이었습니다.
그날의 비행은 암스트롱에게 잊을 수 없는 사건이었어요.

시험 비행 조종사로서 가장 큰 관심을 받은 날이기도 했죠. 모두의 눈이 비행에 성공할는지 지켜보았습니다.

사실 진짜 주인공은 암스트롱이 아니에요. 주인공은 암스트롱이 몰게 될 실험용 비행기였답니다. 이 아기 비행기에 거는 미국인들의 기대는 매우 컸어요. 비행에 성공하면 더 거대한 계획을 세울 수 있었거든요. 그것은 우주 산업 발전에 커다란 발판을 마련하는 일이기도 했어요. 이 날이 바로 인간이 우주로 나아가려는 꿈에 한 발짝 다가서는 순간이었습니다.

엑스-15호!

주인공 실험용 비행기의 이름입니다. 그것은 비행기라기보다는 로켓이라 할 수 있어요. 활주로를 달리며 떠오르는 것이 아니라 이미 날고 있는 비행기에서 발사되거든요. 마치 미사일처럼 불꽃을 내뿜으며 하늘을 날아오르는 비행체였답니다.

엑스-15호의 속도는 엄청나요. 보통 제트기가 시속 970킬로미터로 난다면, 엑스-15호는 그보다 여섯 배 이상 빠릅니다. 하늘을 나는 높이는 또 어떻고요? 제트기가 약 12킬로미터 높이로 나는데 엑스-15호는 80킬로미터까지 날았죠. 이 높이는 매우 놀랄 만한 기록이에요. 그곳이 바로 우주 공간이 시작되는 지점이니까요. 그래서 엑스-15호의 비행에 많은 관심이 쏠린 것이랍니다.

'만약에 엑스-15호 비행이 성공한다면 미국 우주항공 역사에 커다란 발자취를 남기게 될 거야!'

다른 때보다 더 긴장되고 떨리는 만남이었습니다. 암스트롱의 생각대로 엑스-15호는 우주로 나아가기 위한 첫 걸음이었어요. 미국은 원래 엑스-15호와 같은 비행기로 우주를 여행할 계획이었거든요.

어느 때보다 조심스러운 실험 비행이었습니다.

"엑스-15호, 잘 부탁해!"

로켓의 발사를 기다리며 주문처럼 속삭였습니다. 암스트롱은 이미 하늘을 날고 있는 비행기가 어미 캥거루처럼 느껴졌어요. 어미 주머니에 담겨 있는 새끼 캥거루 엑스-15호를 생각하니 배시시 웃음이 새어나왔습니다.

하지만 웃음도 잠시, 얼굴이 딱딱하게 굳어버렸어요. 마침내 로켓의 발사 명령이 떨어졌습니다.

"3, 2, 1, 발사!"

피용! 불꽃과 함께 엑스-15호는 빠른 속도로 하늘을 향해 날아갔습니다. 그 모습이 꼭 폭죽놀이 같았어요. 커다란 폭죽이 하늘 높이 솟아올랐다가 구름 속으로 사라져버렸지요. 로켓은 순식간에 지구와 우주를 나누는 대기권에 다다랐습니다.

대기권은 하늘의 끝부분까지를 말해요. 우주와 달리 약간의 공기라도 있는 공간이 바로 지구의 대기권이죠. 얼마나 대기권 한계에 가까이 올라갈 수 있느냐가 이 실험 비행의 목적이었습니다.

암스트롱은 우주로 나가는 문 앞까지 날아왔어요. 그곳은 우리가 보는 하늘과 달랐습니다. 조금 어두웠지만 오색찬란한 오로라가 춤을 추고 있었어요. 아래로는 둥근 지구가 푸른빛을 띠며 반짝거렸습니다.

이보다 아름답고 황홀한 광경은 본 적이 없었어요. 암스트롱은 마치 천국에 와 있는 기분이었습니다.

'맙소사! 지금 내가 꿈을 꾸고 있는 건 아니겠지? 지구가 이토록 아름다웠다니! 이 멋진 모습을 혼자 보고 있자니 정말 아쉬운걸……'

참 이상했습니다. 가슴이 뭉클하면 왜 눈물이 나오려는 걸까요? 눈가가 촉촉하게 젖어들기 시작했어요. 암스트롱은 이 순간을 누군가와 함께하길 간절히 기도했지요. 그리고 번쩍이는 섬광처럼 환한 얼굴 하나가 머릿속에 떠올랐습니다.

'그래 맞아! 분명 카렌도 이 광경을 보았을 거야. 아빠보다

먼저 이곳에 왔을 테니까. 그렇지, 카렌?'

우주 저편 어딘가에서 딸이 웃고 있을 것만 같았습니다. 카렌을 생각하니 암스트롱의 마음이 포근해졌습니다.

엑스-15호는 무사히 비행을 마치고 돌아왔습니다. 이것은 인류가 우주로 나아가는 데 필요한 작은 성공이었어요. 암스트롱에게는 남다른 의미도 있었습니다. 지구 끝까지 갔을 때 딸과 더 가까워진 느낌이 들었거든요.

그래서 결심했습니다. 우주인이 되기로! 암스트롱은 우주로 날아가고픈 마음이 남들보다 강했어요. 사람들에게 우주는 도전해야 할 숙제였지만, 암스트롱에게 우주는 딸 카렌이었으니까요. 그렇게 암스트롱은 우주인으로서 새로운 삶을 준비하게 되었답니다.

로켓을 최초로 발사한 나라들

로켓의 역사를 이야기하려면 일단 중국으로 거슬러 올라가야 합니다. 로켓이 지금처럼 우주왕복선이나 인공위성 등에 쓰이기 전에는 대부분 전쟁 무기로서 개발됐어요. 1200년경 중국은 화약을 개발하여 '화전'이라는 최초의 로켓을 만들었습니다.

화전은 '불화살'이라는 뜻이에요. 화약의 힘으로 불을 뿜으며 날아가 목표물을 불태우거나 적을 혼란시킬 때 주로 사용하지요. 이런 불화살이 유럽에 전해지면서 '로케타'라는 이름으로 불렸습니다.

우리나라에서도 화전을 많이 사용했어요. 고려의 최무선이 중국의 화전을 보고 다양한 화약 무기를 개발했지요. 1377년 화약 무기 연구소라 할 수 있는 화통도감을 세우고, 화전과 주화를 만들었습니다. 주화는 '달리는 불'이라는 뜻이에요. 지금의 로켓과 비슷한 동작 원리로 작동하는 화약 무기로 우리나라 최초의 로켓이라 할 수 있답니다.

이후 로켓은 1800년경 영국이 약 3킬로미터나 날아가는 무기를 만들며 본격적으로 발전하기 시작했어요. 제2차 세계대전을 치르면서 강대국들은 저마다 로켓 개발에 심혈을 기울였지요. 그때까지 로켓은 그저 전쟁무기에 지나지 않았답니다.

로켓이 다른 목적으로 사용된 것은 전쟁이 끝난 후였어요. 세계가 우주로 눈을 돌리면서 사람들은 로켓을 인공위성이나 우주선을 쏘아 올리기 위한 목적으로 발전시켜 나갔죠. 그것을 최초로 해낸 사람은 미국의 물리학자인 로버트 고다드였습니다.

로버트 고다드는 액체연료를 사용한 지금의 로켓원리를 개발한 사람이에요. 1926년 3월, 그는 액체연료로 발사되는 로켓을 실험했죠. 길이 3미터의 이 로켓은 2.5초 동안 56미터의 높이로 나는 데 성공했습니다. 이후 1935년에는 2210미터 높이까지 도달하는 데 성공했어요. 그의 이러한 연구는 우주로 날아가는 로켓을 연구할 수 있다는 커다란 희망을 주었답니다.

결국 전쟁이 아닌 다른 목적으로 로켓을 최초로 발사한 나라는 미국이에요. 하지만 우주로 로켓을 보낸 최초의 나라는 따로 있답니다.

우주에 대한 탐험을 꿈꾸면서 많은 나라들이 로켓 개발에 박차를 가했습니다. 특히 두드러지게 성장한 나라는 미국과 러시아였어요. 두 나라는 2차 대전 후에 본격적으로 우주 로켓 개발에 힘을 썼습니다. 수많은 도전과 실패를 거듭하며 마침내 우주의 꿈을 실현해 나갔답니다.

그리하여 1957년 10월 4일, 러시아는 인류 역사상 처음으로 '스푸트니크 1호'를 쏘아 올리는 데 성공해요. 스푸트니크 1호는 둥그런 모양으로 축구공 정도 크기의 작은 인공위성이었답니다.

이 스푸트니크 1호를 싣고 최초로 우주 비행에 성공한 로켓이 바로 'R-7'이에요. R-7의 성공 덕택에 러시아는 최초로 로켓을 우주로 쏘아올린 나라로 기록됐고, 우주 산업 분야에서 최고의 강대국이 될 수 있었습니다.

로켓을 최초로 개발한 중국, 다른 목적으로 로켓을 실험한 미국, 우주 비행용 로켓을 쏘아올린 러시아. 이처럼 여러 나라가 다양한 로켓 개발에 힘쓰지 않았다면 우리는 아직도 우주여행을 기대할 수 없었을 거예요. 우리 사회에는 아직도 무언가를 최초로 이루고자 기술 개발에 힘쓰는 사람들이 많아요. 모든 과학자와 연구원들이 있기 때문에 우리는 더 신나고 흥미로운 미래를 꿈꿀 수 있는 것입니다.

우주전쟁의 희망으로 떠오른 암스트롱

3장

지금은 우주전쟁 시대

"미국은 1960년대가 끝나기 전까지 인간을 달에 보내고 다시 지구로 무사히 귀환시킬 것입니다. 비록 이것은 힘든 일이지만 우리는 이 길을 선택하고 해낼 것입니다."

1961년 5월 25일. 당시 미국의 35대 대통령이었던 존. F. 케네디는 원대한 계획을 발표했습니다. 그것은 인간을 달에 보내겠다는 계획이었습니다. 바로 '아폴로 계획'의 시작을 알리는 신호탄이었습니다.

미국의 우주 개발 목표는 분명하고 뚜렷했어요. 그동안 과학기술 분야에서 최강국이라 자부하던 미국이었지만 우주 산업 분야에서는 영 힘을 발휘하지 못했거든요. 그래서 그들의 각오는 대단했습니다.

사실 미국은 러시아 때문에 자존심이 많이 상해 있었어요. 우주 산업 분야에서 러시아가 미국보다 한 수 위였거든요. 당시 라이벌 관계였던 미국과 러시아는 팽팽한 기 싸움을 벌이고 있었어요. 그래서 서로에게만큼은 결코 지고 싶지 않았답니다.

이 무렵 미국과 러시아의 싸움은 지구에서 벌어지지 않았어요. 머나먼 우주를 두고 서로 경쟁했죠. 어느 나라가 먼저 우주로 나아가느냐가 초강대국임을 증명해주는 증서 같은 것이었으니까요. 그래서 두 나라는 앞 다투어 로켓 개발에 정성을 쏟았습니다. 보이지 않는 우주전쟁이 시작된 셈이지요.

1955년 미국은 지구 주위를 도는 인공위성을 연구 중이었어요. 그런데 러시아에 선두를 뺏기고 말았습니다. 1957년 러시아는 미국보다 한발 앞서 '스푸트니크 1호'라는 인공위성 발사에 성공했어요. 이로써 러시아의 기술이 세계에서 가장 앞서 있다는 것이 증명되었지요.

미국으로서는 속이 쓰린 소식이었어요. 연거푸 인공위성 발사에 실패하고 있었으니까요. 러시아의 스푸트니크 발사 성공에 충격을 받은 미국은 곧이어 1958년 '익스플로러 1호'를 발사하며 마음을 진정시켰어요. 하지만 또 다시 날벼락 같은 소식

을 들어야 했답니다.

1961년 4월 12일, 러시아는 세계가 깜짝 놀랄 만한 엄청난 사건을 일으킵니다. 바로 '유리 가가린'이라는 사람을 우주로 보내는 데 성공한 것이죠. 인류 최초의 우주인을 탄생시킨 것입니다.

보스토크 1호를 타고 우주로 떠난 가가린은 지구를 한 바퀴 돌고 무사히 귀환했어요. 그는 하룻밤 사이에 세계적인 유명인사가 되었지요. 그리고 그가 한 말은 전 세계인의 마음을 설레게 했습니다.

"지구는 푸른빛이었습니다."

하지만 미국인에게는 그리 달가운 말은 아니었답니다.

가가린이 우주비행을 하고 채 한 달이 지나지 않아 미국도 최초의 우주인을 탄생시켰어요. 5월 5일, 미국인 앨런 셰퍼드는 머큐리 3호를 타고 15분간 비행한 후 무사히 돌아왔습니다.

그러나 아쉽게도 미국은 두 번째라는 꼬리표를 떨쳐내지 못했어요. 항상 러시아에 밀려 우주 산업의 2인자로 머물러야 했습니다. 심지어 러시아의 조롱까지 참아내야 했죠.

러시아의 수상이 미국을 방문했을 때의 일이었어요. 사이가 좋지 않았던 미국과 러시아는 이번 기회에 친해지려고 노력하고 있었습니다. 미국의 여러 산업단지를 둘러본 러시아의 수상 후르시초프는 칭찬과 감탄을 쏟아냈어요. 하지만 얼마 안 있어 전 미국인을 화나게 하는 말을 꺼내고 말았답니다.

그날은 후르시초프가 소시지 공장을 둘러보던 중의 일이었어요.

"미국이 우주 산업에서는 우리에게 뒤졌지만 소시지 산업은 훨씬 앞서 있네요."

조롱이 섞인 후르시초프의 농담에 미국인들의 속은 부글부글 끓었습니다. 어떡해서든 러시아의 콧대를 꺾고 자존심을 회복하고 싶었어요. 그러려면 아무도 성공하지 못한 일을 해내야만 했죠. 그것이 바로 달에 인간을 보내는 계획이었답니다.

과연, 어느 나라가 먼저 달에 사람을 보낼까요? 두 번째 우주 전쟁이 마침내 시작된 것입니다.

미국은 러시아를 앞지르기로 마음먹었어요. 그래서 엄청난 돈을 나사(NASA)에 지원해주었습니다. 나사는 미국항공우주국을 말해요. 우주를 탐사하고, 우주선을 연구 개발하기 위해 세운 정부 기관이죠.

나라의 든든한 지원을 받은 나사는 우주비행사들을 더 뽑기로 결정했습니다. 케네디 대통령의 말대로 10년 안에 목표를 달성하려면 유능한 비행사가 많이 필요했거든요. 그때 아홉 명의 우주비행사가 새롭게 선발되었지요. 그중 한 명이 바로 닐 암스트롱이었습니다.

암스트롱은 여러 면에서 우주비행사에 적합했어요. 까다롭기로 유명한 나사의 조건을 모두 갖추고 있었죠.

'시험 비행 조종사로서 우주 항공 분야를 공부한 사람'

'서른다섯 살이 안 된 신체 건강한 남자'

'작은 우주 캡슐에 들어갈 수 있도록 180센티미터보다 작은 키'

딱 암스트롱이었습니다. 암스트롱의 지원서는 마감일이 훌쩍 지난 일주일 후에야 도착했어요. 하지만 아무런 문제가 되지 않았답니다. 나사에서도 이런 인재는 놓칠 수 없었던 모양이에요. 암스트롱은 나사가 기다려온 타고난 우주비행사였으니까요.

그리하여 1962년 9월 17일, 닐 암스트롱은 미국인의 사랑을 받는 우주비행사로서 새 길을 걷게 되었습니다.

내가 잘 해낼 수 있을까?

"우와! 우주비행사다."

찰칵, 찰칵. 여기저기서 카메라 불빛이 번쩍였어요. 눈을 뜨기도 힘들 정도였죠. 우주비행사가 되는 게 이렇게 유명해지는 일인지 미처 몰랐어요. 암스트롱은 갑작스런 유명세에 몸 둘 바를 몰랐습니다.

'연예인이 된 것 같아. 이것 참……. 여간 불편한 게 아니군.'

많은 이들의 관심이 그리 달갑지 않았어요. 유명해지는 일은 암스트롱의 성격과는 어울리지 않았죠. 온화하고 조용한 암스트롱은 자신의 일에만 집중하길 원했습니다.

하지만 우주비행사가 된 이상 평범한 삶과는 작별해야 했습니다. 나사의 선택을 받은 것만으로도 충분히 관심을 끄는 일이었거든요. 미지의 세계를 탐험할 유일한 사람들이잖아요. 어떻게 호기심이 안 생길 수 있겠어요? 게다가 젊고 똑똑하며 매력적이기까지 한데 말이죠. 어디를 가든 우주비행사들은 모두의 눈길을 피할 수 없었답니다.

전 세계를 통틀어도 우주비행사는 많지 않았어요. 미국과 러시아를 합해도 고작 서른 명 남짓이었죠. 그래서 우주비행사 자신뿐 아니라 가족까지 유명인사가 됐어요. 그만큼 우주비행사라는 사실은 자랑스럽고 으스댈 만한 일이었답니다.

"닐, 멋지지 않아? 우리가 언제 이런 관심을 받겠어! 이 순간을 신나게 즐겨보라고."

어쩔 줄 몰라 하는 암스트롱을 보고 옆의 동료가 말했습니다. 암스트롱은 주변을 경계하는 사람처럼 바짝 얼어 있었어요. 그리고 이렇게 대답했습니다.

"그래. 이건 정말 멋진 일이야. 그러니 우리는 더욱더 조심해야 해."

사실 암스트롱은 유명인이 싫었던 게 아니에요. 사람들의 환호와 갈채에 취해 자기도 모르게 건방져질까 봐 걱정했던 것입니다. 인기가 많고 유명해지면 쉽게 자만심에 빠지기 쉬

우니까요.

'우주비행사로서 내가 받은 첫 임무는 자만심을 이겨내는 일이야! 사람들이 좋아한다고 해서 우쭐거리지 말고 더 겸손해지도록 노력하자.'

우주비행사의 길은 처음부터 부담감이 컸어요. 자신과 싸우는 것은 무척 힘든 일이니까요. 하지만 시작도 하기 전에 포기할 수 없잖아요? 마음가짐을 단단히 하고, 암스트롱은 본격적인 우주 비행 훈련에 뛰어들었습니다.

먼저 휴스턴에 있는 나사와 가까운 텍사스 주 엘 라고로 이사를 왔어요. 우주비행사들은 모두 한 동네에 모여 살았습니다. 서로 친하게 지내며 우정을 쌓아갔지요. 위험한 우주 계획을 함께 이끌어가려면 무엇보다 믿음이 중요합니다. 어려움을 헤쳐 나가려면 서로를 믿고 힘을 모아야 하거든요. 우주 공간에서 어떤 상황이 벌어질지 아무도 모르니까요.

그래서 우주비행사 훈련은 길고 험난해요. 여러 위험에 대비해야 하거든요. 암스트롱이 마쳐야 할 과제가 아주 많았습니다. 새롭게 우주선 비행을 공부하고, 시험을 통과해야 해요. 그리고 제트기보다 빠르게 치솟는 로켓의 속도를 견디는 훈련도 합니다.

또 바다나 산, 사막, 정글과 같은 곳에 다녀와야 했습니다. 사람이 없는 곳에서 살아남는 법을 배워야 했으니까요. 비행사와는 아무 관련 없는 일인 것 같아도 허투루 넘길 수 없습니다.

만약에 우주선이 추락하거나 지구로 돌아왔을 때 어디로 떨어질 것 같나요? 그건 아무도 알 수 없어요. 우주선은 별똥별(유성)처럼 아무곳에나 떨어지기 때문입니다. 그래서 우주 비행사들은 구조될 때까지 스스로 목숨을 지켜야 합니다. 용사처럼 말이지요.

"곧장 파나마로 이동하게. 우리는 보름 후에 만날 걸세. 행운을 비네, 닐!"

우주비행사가 되고 얼마 뒤의 일이었어요. 암스트롱은 느닷없이 파나마로 떠나라는 명령을 받았습니다. 아무것도 준비되지 않은 상태로 파나마의 열대우림 지역에 버려진 셈이었어요. 달랑 작은 텐트와 칼, 나침반 등의 몇몇 생존 장비만 받았지요.

그날 이후 암스트롱은 정글에서 여러 날을 버텼습니다. 배고프면 주변에서 구할 수 있는 것들로 끼니를 때웠어요. 열매, 식물, 곤충 심지어 벌레까지……. 먹을 수 있는 건 뭐든 먹었습니다.

'이 정도까지 힘든 일일 줄은 몰랐어. 과연 내가 이 훈련을 잘 이겨낼 수 있을까?'

정글에 깜깜한 밤이 찾아오면 피로와 고민도 함께 찾아왔어요. 이대로 두 손을 들고 "포기!"를 외치고 싶었습니다. 하지만 그럴 때마다 암스트롱은 하늘을 봅니다. 어둠 속에서 반짝이는 별을 보면 마음은 이미 우주로 날아갑니다. 결코 달까지 나아가는 꿈을 뿌리칠 수 없었답니다.

'몸이 고단하다고 벌써 포기하는 건 정말 어리석은 짓이야. 내가 선택한 일이니 끝까지 최선을 다하자!'

마음만 먹는다면 이루지 못할 건 없어요. 암스트롱은 자신의 끈기를 믿고 응원하기로 했습니다.

이제 어떤 곳에서도 꿋꿋하게 살아갈 수 있었습니다. 하루 24시간이 부족한 우주 비행 훈련도 참아낼 수 있었습니다. 달을 향해 나아갈 수 있다면요. 암스트롱에게 우주비행사란 단순한 직업을 훨씬 뛰어넘는 의미가 있었습니다.

"이것은 내 자신과 하는 내기야. 이기지 못하면 앞으로 더 나아갈 수 없어. 훗날 내가 어떤 일을 해낼지 모르잖아? 나는 이긴 싸움 끝에서 내가 얻게 되는 게 무엇일지 꼭 보고 싶어."

그렇습니다. 무슨 일이든 시작만으로는 결과를 얻을 수 없어요. 꾸준히 끝을 향해 달려갈 때 열매를 얻는 법이죠. 암스트롱이 우주 영웅으로 탄생한 것은 결코 우연이 아니었어요. 그는 차츰 완벽한 우주비행사로 변해갔습니다.

우주비행사는 암스트롱의 전부가 되어버렸어요. 재닛은 그런 암스트롱을 보고 이렇게 말했답니다.

"우주 계획의 임무가 암스트롱을 삼켜 버렸어요!"

첫 우주의 악몽

"우웩!"

동료가 메스꺼움을 참지 못하고 실례를 하고 말았어요. '구토 혜성'을 타고 오면 모두들 저 모양입니다. 익숙해질 때까지 암스트롱도 예외는 아니었답니다.

구토 혜성은 무중력 상태를 체험하는 특수한 비행기를 말해요. 마치 자이로드롭처럼 높이 오르고 급격히 아래로 떨어지기를 반복하죠. 그러면 비행기 안은 짧은 시간 동안 무중력 상태가 됩니다. 이때 훈련을 하는 것이지요.

그런데 왜 구토 혜성이라는 더러운 별명이 붙었냐고요? 이 훈련을 끝마치고 나면 모두들 구토를 한다고 해서 지어진 별

명이에요. 아마 롤러코스터를 연달아 수십 번 타는 느낌이랄까요? 대부분의 사람들은 엄두도 못 낼 일이에요. 하지만 우주 비행사라면 반드시 통과해야 하는 훈련이랍니다.

우주는 지구와 달리 무중력 상태예요. 지구처럼 물체를 끌어당길 힘(중력)이 없기 때문에 물체의 무게가 없어져요. 그래서 뭐든지 둥둥 떠다니지요. 마치 물속에서 헤엄치는 느낌과 비슷하답니다.

무중력 상태에는 몸도 제대로 가눌 수 없어요. 그렇기 때문에 이리저리 부딪치기 쉽죠. 그러다가 큰 상처를 입기도 합니다. 우주에서 지내야 하는 우주인은 힘들어도 구토 혜성에 자주 다녀와야 해요. 그러다 보면 능숙하게 몸을 보호할 수 있는 요령이 생긴답니다.

이렇게 고되고 힘든 훈련을 받느라 암스트롱은 가족과 있을 시간도 뺏겼어요. 1963년 봄, 둘째 아들 마크가 태어났지만 마음껏 돌봐주지도 못했습니다. 이리저리 전국을 돌며 강연까지 해야 했으니까요.

마음에 내키는 일은 아니었지만 열심히 참여했습니다. 평범한 사람들에게 우주 계획이 왜 중요한지를 알리고, 필요성을 깨닫게 하는 일은 꼭 필요했어요. 그것은 미래과학에 대한 꿈과 희망을 심어주는 일이기 때문이었습니다. 그리고 덩달아 암스트롱의 믿음도 뚜렷해졌습니다.

'우리는 반드시 달나라를 모험을 할 수 있어!'

1966년 3월 16일. 드디어 믿음을 실험할 첫 번째 기회가 찾아왔어요. 암스트롱은 제미니 8호의 선장으로 뽑혀 우주를 항해하게 되었습니다. 부조종사는 데이비 스코트였어요. 둘의 임무는 이미 우주에 나가 있는 인공위성과 결합하는 일이었어요. 마치 로봇이 합체하는 것처럼 말이죠. 이것을 '도킹'이라고 합니다.

도킹은 달까지 가는 목표를 달성하는 과정 중 꼭 필요한 단계예요. 나사는 두 개의 우주선을 하나처럼 떼었다 붙였다 할 수 있는 우주선을 연구 중이었어요. 달 주위에 도착했을 때 큰 우주선에서 작은 우주선을 분리해 달에 착륙시킬 계획이었죠. 그리고 다시 큰 우주선과 합체해 지구로 돌아오게 할 생각이었답니다. 도킹만 성공한다면 그런 우주선 개발에 전혀 문제가 없다는 걸 증명할 수 있었습니다.

선장 암스트롱의 어깨는 무거웠습니다. 우주에서의 첫 항해를 잘 마칠 수 있을까요? 두려움 반 설렘 반으로 마침내 우주로 떠났습니다.

"아제나 인공위성 접근. 도킹 완료!"

모든 것이 순조로웠어요. 제미니 8호의 도킹은 완벽했습니다. 내내 긴장하던 암스트롱과 스코트는 그제야 서로를 향해 미소를 지었어요. 그런데 얼마 뒤의 일이었습니다.

"여기는 제미니 8호, 심각한 문제가 발생했다! 우주선이 계속 돈다!"

도킹 27분 후, 예기치 못한 문제가 발생했습니다. 우주선이 팽이처럼 뱅글뱅글 돌기 시작해 멈추지 않는 거예요. 스코트는 곧장 휴스턴의 나사에 연락을 했습니다.

하지만 나사에서도 손쓸 방법은 없었어요. 눈앞이 깜깜해졌습니다. 훈련 때와는 전혀 다른 상황이 펼쳐졌어요. 이대로 있다가는 제미니 8호는 물론 암스트롱과 스코트도 불의의 사고를 당할 것이 뻔했습니다.

"스코트! 당장 도킹을 해제한다. 인공위성을 빨리 떼어내!"

암스트롱이 소리쳤어요. 모든 것은 이제 선장인 암스트롱에게 달려 있었습니다. 그러나 인공위성과 떨어져도 제미니 8호는 계속 돌 뿐이었습니다. 오히려 갈수록 도는 속도도 빨라졌습니다.

스코트는 깜짝 놀라 어쩔 줄 몰라 했어요. 암스트롱은 직접 조종하기 시작했습니다. 재빨리 자동시스템을 정지시키고, 엔진도 새롭게 조작했어요. 그랬더니 잠시 후 우주선은 도는 것을 멈췄습니다. 암스트롱의 침착함이 또 다시 빛을 발한 것입니다. 제미니 8호는 간신히 큰 위험에서 벗어나게 되었답니다.

"제미니 8호 모든 임무를 중단하고 즉시 지구로 돌아오기 바란다."

나사의 명령이 내려졌습니다. 암스트롱은 도킹과 우주를 걸어 다니려던 원래 계획을 모두 취소하고 지구로 돌아왔어요. 태평양 바다 한가운데서 안전하게 구조됐죠. 하지만 암스트롱은 크게 낙심했습니다. 임무를 끝마치지 못한 것이 자신의 잘못 같았으니까요.

최초로 우주 도킹에 성공했지만 그리 좋은 평은 받지 못했습니다. 한 신문기사에는 이렇게 실리기도 했어요.

「제미니 8호는 우주의 악몽!」

그것은 곧 암스트롱의 악몽이 되었습니다.

'이런 형편없는 우주비행사가 또 있을까? 더 이상 나사가 나를 찾는 일은 없을 거야…….'

사고가 모두 자신의 실수 탓인 것 같았어요. 암스트롱은 자신감을 잃었습니다. 그러나 그때 암스트롱은 몰랐어요. 이 일이 그에게 얼마나 큰 기회로 다가올지를.

스코트는 그날을 기억하며 이렇게 말했습니다.

"닐 암스트롱은 완벽한 선장입니다. 우주선의 회전속도가 너무 빨라 우리는 거의 실신할 정도였어요. 그 상황에서 회전을 막아낸 거예요! 나는 아직도 암스트롱이 그걸 해냈다는 게 믿기지 않습니다."

지혜와 용기를 가진 타고난 선장

며칠 뒤 나사의 연구책임자가 암스트롱을 찾아왔습니다.

"그동안 마음고생이 심했지? 제미니 8호의 사고는 염려하지 않아도 돼. 그건 닐의 잘못이 아니니까."

"과연 그럴까? 나는 도킹에 실패했어. 도대체 무엇이 문제인지 모르겠어……."

여전히 암스트롱은 시무룩했어요. 몇 번을 다시 생각해도 도킹 작업에는 아무 문제가 없었거든요. 제미니 8호의 악몽은 한동안 암스트롱을 괴롭혔습니다.

"그래서 내가 찾아온 거야. 너에게 사과하려고. 애초부터 제미니 8호에 문제가 있었어. 작은 로켓엔진이 잘못 설계되어 있었거든. 정말 미안해, 닐."

맞아요. 제미니 8호의 사고는 사실 암스트롱의 잘못이 아니었습니다. 우주선을 앞으로 나아가게 하는 엔진의 문제였죠. 작은 로켓엔진이 제대로 말을 듣지 않아 발생한 사고라는 게 밝혀졌답니다.

암스트롱의 마음은 한결 가벼워졌어요. 우주비행사의 자격을 잃게 될까 봐 걱정이 많았거든요. 잠도 제대로 이루지 못할 정도였습니다.

'휴, 오늘은 편하게 잠을 자겠군.'

안도의 한숨을 내쉬었습니다.

"참, 이번 비행은 어떤 우주선보다 인상적인 조종이었어!"

연구책임자는 찡끗 윙크를 보냈어요. 그의 칭찬을 들으니 남아 있던 근심마저 눈 녹듯 사라졌습니다.

암스트롱은 나사에 좋은 인상을 심어주었어요. 우주선의 선장에게 위기를 관리하는 능력과 빠른 판단력은 매우 중요해요. 제미니 8호에서 보여준 암스트롱의 행동은 나사의 합격점을 받기에 충분했답니다.

"우리가 암스트롱을 믿어도 되는 걸까?"

"그가 이번에 보여준 비행은 훌륭했어요. 암스트롱이 어느 비행사들보다 돋보인 것만은 확실합니다."

나사 책임자들이 한데 모여 무엇인가를 의논했습니다. 그들은 세계를 발칵 뒤집어 놓을 중대한 일을 앞두고 고민에 빠졌어요. 특히 암스트롱을 두고 치열한 토론이 이어졌습니다.

"하지만 한 번 위기를 모면했다고 해서 그가 뛰어난 비행사라고 말할 수 없어요. 고작 첫 비행일 뿐인걸요. 암스트롱은 경험이 부족합니다."

책임자 중 한명이 말했습니다. 모두들 그의 말에 침묵으로 동의했어요. 다른 우주비행사 중에는 여러 번 우주를 다녀온 선배도 있었거든요. 나사는 아직도 암스트롱에 대한 의심을 떨쳐버릴 수 없었답니다. 과연 그가 역사의 한 페이지를 장식할 위대한 순간을 이뤄낼 수 있을까요?

하지만 곧 그러한 의심은 사라졌어요. 중요한 선택에 앞서 고민을 없애줄 또 하나의 사건이 발생했으니까요.

1968년 5월 6일의 일이었습니다. 이날 암스트롱은 훈련용 착륙선을 조종하고 있었어요. 생김새가 마치 매트리스를 닮아서 '하늘을 나는 침대'라고 불리는 비행기였죠. 자주 조종했던 착륙선이라 커다란 어려움은 없는 훈련일 듯했습니다.

그런데 그날따라 웬일일까요? 순조롭게 진행되던 훈련을 끝마치려는 순간이었습니다. 착륙을 하려고 서서히 땅으로 내려앉던 중이었어요. 약 60미터 정도의 상공에 다다랐을 때, 착륙선이 갑자기 뱅그르르 도는 것이 아니겠어요! 제미니 8호처럼 말이죠. 상황은 더 긴박했습니다.

제미니 8호는 우주 공간이라 그나마 추락할 염려가 없었어요. 하지만 착륙선은 달랐죠. 땅에 떨어지면 산산조각 날 높이에 있었으니까요. 암스트롱은 급히 나사에 보고했습니다.

"하늘 침대가 떨어진다! 폭발 위험! 안전에 유의하라!"

승무원을 먼저 탈출시킨 암스트롱은 자신도 낙하산을 타고 탈출했어요. 착륙선은 곧바로 추락해 굉음을 내며 폭발했습니다. 사방은 불길에 휩싸였지요. 그러나 다행히 다른 피해는 없었어요. 미리 암스트롱이 위험을 알렸기 때문입니다.

"이번에야말로 암스트롱에 대해 의심할 여지가 없네. 그는 타고난 선장이야!"

한 명의 나사 책임자가 말했습니다.

"맞아요. 착륙선이 추락하는 장소에 여러 대의 차량이 있었는데 암스트롱 덕분에 모두 피할 수 있었어요."

다른 책임자도 암스트롱의 행동을 칭찬했어요.

"1분이 급한 시각인데도 그는 먼저 다른 사람의 안전을 챙겼습니다. 자신의 목숨이 위태로운데도 말이죠. 이제 우리의 결정만 남은 셈입니다."

또 다른 책임자도 말을 보탰습니다. 그들은 단호하고 엄숙한 얼굴로 서로를 바라봤어요. 그리고 침묵으로 찬성했습니다.

우주 비행사에게 사고는 시시때때로 찾아와요. 아무리 사소한 위험이라도 절대 놓쳐서는 안 되죠. 더 큰 피해를 낳을 수 있으니까요. 그래서 나사는 무엇보다 책임감이 강하고 판단력이 빠른 비행사를 원합니다. 닐 암스트롱처럼 말이에요.

아폴로 11호의
사령관이 되었어요!

인간을 달로 보내기 위한 계획이 착착 진행됐어요. 110미터에 이르는 거대한 3단형 로켓 '새턴-V'도 개발됐지요. 이 로켓은 세 번에 걸쳐 엔진을 발사할 거예요. 그 힘으로 우주선을 먼 달나라로 힘껏 밀어줄 것입니다.

우주 비행 중에 닥칠 위험에도 단단히 대비했어요. 나사의 많은 과학자와 기술자들이 수년에 걸쳐 여러 실험을 마쳤답니다. 먼저 머큐리 계획으로 인간이 우주로 나갈 수 있는지 가능성을 시험했어요. 그리고 제미니 계획으로 우주 기술을 완성시켰습니다. 특히, 우주비행사들을 여러 차례 우주로 보내기도 했어요. 낯선 우주에 적응하도록 말이죠. 암스트롱도 제미니 8호를 타고 첫 우주 비행을 떠나기도 했잖아요. 제미니 계획은 인간을 달로 보내는 계획에서 1단계라고 할 수 있답니다.

제미니 12호를 끝으로 본격적으로 달 탐사를 위한 아폴로 계획이 시작됐어요. 아폴로 계획은 달의 정보를 수집하고 관찰하는 임무를 띠고 있습니다. 1968년 12월에는 아폴로 8호가 달의 주위를 돌며 착륙하기 좋은 장소를 찾아두었어요. 아폴로 10호는 달의 표면 가까이 접근하는 연습을 했습니다.

그리고 마침내 나사는 아폴로 11호를 달에 착륙시키기로 마음먹었어요. 사령관으로 누가 좋을지도 정해두었죠. 그는 매우 용감하고, 누구보다 완벽한 우주비행사였답니다.

"닐 암스트롱! 우리는 자네를 아폴로 11호의 사령관으로 임명할 걸세. 불만 있나?"

"아닙니다!"

암스트롱은 우렁찬 목소리로 대답했어요.

"앞으로 꿈의 비행을 시작해보게."

1969년 1월, 암스트롱은 아폴로 11호의 사령관으로 임명되었습니다. 함께 떠날 두 우주비행사로는 버즈 올드린과 마이클 콜린스가 선택됐어요. 세 사람은 달로 떠나기 전까지 더 많은 훈련을 해야 합니다. 한 치의 실수라도 있으면 안 되니까요.

여섯 달 동안 실제와 같은 훈련이 반복됐습니다. 실물과 같은 크기의 모형 우주선을 타고 임무에 필요한 연습을 했지요. 아폴로 11호의 계획은 이랬습니다.

우선, 1단계 로켓을 발사하면 우주선은 대기권을 향해 날아가요. 그런 다음 2단계, 3단계 로켓을 발사해서 달나라에 도착합니다. 정상적으로 달에 위치하면 암스트롱과 버즈는 달나라에 착륙할 작은 우주선에 옮겨 탈거예요.

착륙선은 커다란 우주선에서 떨어져 나와 달에 살포시 내려앉을 것입니다. 그러면 암스트롱과 버즈는 두 시간 반 정도를 달에 머물며 여러 가지 임무를 수행합니다. 그동안 홀로 남은 마이클은 큰 우주선을 타고 암스트롱과 버즈가 임무를 끝마칠 때까지 달의 주위를 맴돌아요.

두 시간 정도 흐르면 마이클의 중대 임무가 시작돼요. 착륙선과 합체할 준비를 하지요. 암스트롱과 버즈는 이미 착륙선의 윗부분으로 들어가 이륙할 것입니다. 이때 착륙선의 다리 부분은 그대로 달에 남게 돼요. 로켓이 발사될 때 지지대 역할을 하기 때문이죠.

이렇게 해서 이륙한 착륙선은 마이클이 탄 우주선과 도킹을 합니다. 합체되면 두 비행사는 조종실로 들어가고, 착륙선을 버리고 지구로 돌아올 거예요. 우주선이 너무 무거우면 안 되니까요.

완벽한 계획입니다. 이대로만 진행되면 별다른 문제가 생기지 않겠죠? 세 우주인은 실수하지 않고자 빈틈없이 연습을 했습니다. 우주선의 비행은 나사 기술자들이 컴퓨터로 통제할 거예요. 하지만 만약 시스템에 문제가 생긴다면 어떡하죠? 그때는 우주비행사들이 직접 해결해야 합니다. 그래서 나사는 종종 짓궂은 장난을 치기도 했습니다.

연습 중의 일이었어요. 갑자기 훈련용 우주선이 요동치기 시작했습니다. 비행 자동시스템이 제대로 작동하지 않는 거예요. 어디가 고장인지 본부와도 연락이 닿지 않았습니다.

"이게 무슨 일이지? 조금 전까지 멀쩡하다가 왜 이러는 거야?"

마이클은 어리둥절했어요. 훈련용 우주선이라고는 해도 당황스럽기는 마찬가지였습니다.

"컴퓨터 시스템에 문제가 생긴 것 같아. 마이클 자동시스템을 끄고 직접 손으로 조종하도록 해!"

암스트롱이 말했습니다. 우주선은 다시 잠잠해졌어요. 사령관답게 암스트롱은 능숙하게 문제를 해결했습니다.

"훈련용 우주선에 약간의 문제가 생긴 것 같아요. 확인해주세요!"

나사의 기술자들은 배꼽을 잡으며 웃기 시작했어요. 그들은 세 우주비행사들에게 말했습니다.

"그건 우리가 일부러 그랬어. 너희들의 솜씨를 확인해보기 위해서!"

나사의 이런 장난도 사실 훈련 중 하나였어요. 기술자들은 일부러 실수를 저질러서 세 우주인들의 실력을 확인해 보곤 했습니다. 아무도 없는 우주에서 그들은 서로를 지켜야 하니까요.

모든 훈련이 끝이 났습니다. 아폴로 11호 우주선도 점검을 끝마쳤어요. 세 우주인은 사령선 역할을 하는 어미 우주선에게 '컬럼비아'라는 이름을 지어주었습니다. 신대륙을 발견한 탐험가 콜럼버스의 이름을 딴 것이지요.

새끼 우주선이라 할 수 있는 착륙선의 이름은 '이글'입니다. 이글은 영어로 독수리를 말해요. 독수리는 미국을 상징하는 새이기도 하죠. 이렇게 새턴-V 로켓을 단 '컬럼비아 호'와 '이글 호'가 달나라 여행을 시작합니다. 과연 무사히 임무를 마치고 돌아올 수 있을까요?

"컬럼비아 호, 이글 호! 잘 부탁한다!"

암스트롱은 어느 때보다 간절한 마음으로 인사를 건넸습니다.

우주인은 어떤 사람일까?

우주인이라고 하면 흔히 외계인이라고 오해하기 쉬워요. 마치 지구 밖 다른 행성의 생명체 같은 생각이 들잖아요. 하지만 우주인은 우리와 같은 지구인들이랍니다.

우주인은 우주선을 타고 지구 밖으로 나가는 사람을 뜻합니다. 암스트롱처럼 우주에 대한 전문적인 교육과 훈련을 받은 우주비행사들이지요. 선생님이나 회사원, 연예인처럼 또 하나의 직업에 속한답니다.

그렇다면 평범한 사람도 우주에 나갔다오면 우주인이 될 수 있을까요? 그렇지 않아요. 우주로 여행을 다녀온

관광객은 우주인이라 말하지 않습니다. 우주인은 오직 나사와 같은 전문 기관에서 훈련받고 인정받은 우주비행사만을 말합니다.

우주인은 세 가지로 분류해요.

첫 번째는, 조종사입니다. 우주왕복선을 조종하고 비행을 지휘하며, 승무원들의 안전을 책임지는 역할을 합니다.

두 번째는, 임무 전문가예요. 우주왕복선의 비행과 관련된 시스템을 확인하고 점검하는 사람입니다. 그리고 승무원의 활동과 우주선에 있는 음식이나 기구 등을 관리하고 계획하는 역할을 하지요. 우주왕복선의 살림꾼인 셈입니다.

세 번째는, 탑제체 전문가예요. 탑제체 전문가는 어려운 이름처럼 복잡한 기계를 다루는 사람이라고 생각하면 쉬워요. 우주에서 다양한 과학실험을 진행하고, 우주정거장이나 인공위성 등을 수리합니다.

그들은 우주에서 남들이 하지 못하는 아주 진귀한 경험들을 합니다. 그만큼 흥미롭고 독특한 직업을 가진 사람들이라고 할 수 있지요. 이런 우주인이 되는 조건은 매우 까다롭답니다.

일단 공부를 아주 많이 해야 해요. 대부분 수학과 과학에 관련된 공부를 잘하고, 러시아어나 영어로 말할 수 있어야 하지요. 그리고 고된 훈련을 견뎌낼 수 있을 정도로 체력도 좋아야 합니다.

특히 몸에 커다란 상처가 없어야 해요. 우주 밖으로 나가면 압력 때문에 상처 부위가 터져버릴 수도 있거든요. 키는 190센티미터 이상 크면 안 되고, 몸무게도 95킬로그램 이상 뚱뚱해도 안 돼요. 여러모로 철저히 몸 관리를 해야 되겠죠!

이렇게 다양한 조건을 통과하면 우주인이 될 가능성이 높아집니다. 하지만 이게 끝은 아니에요. 암스트롱처럼 길고 힘든 훈련을 견디고 시험에도 합격해야 진정한 우주인의 꿈이 이루어진답니다.

우리나라에도 힘든 과정을 거쳐 우주인이 된 사람이 있어요. 전 세계적으로 475번째 우주인인 '이소연'씨입니다. 여성으로서는 49번째 우주인이며, 대한민국 최초의 우주인이기도 하지요. 그녀는 국제 우주 정거장에서 11일간을 머무

르며, 18가지 우주 과학 실험과 임무를 훌륭히 해냈답니다.

  그녀가 알려준 우주의 비밀 중에 아주 흥미로운 사실이 있어요. 이소연 씨는 우주에서 키가 3센티미터나 더 커졌다고 해요. 중력이 없는 우주에서는 사람의 뼈도 힘을 받지 않기 때문에 느슨해지는 거죠. 그래서 어른이라도 키가 3~4센티미터 가량 커질 수 있답니다.

  매우 신기하죠? 우주에는 이보다 더 신기하고 놀라운 일이 많답니다. 우주선 안의 생활도 얼마나 재미있는데요. 물이 아닌 공기로 배설물을 빨아들이는 우주선의 특수한 화장실, 둥둥 떠다니는 몸 때문에 잠을 잘 때나 음식을 먹을 때 끈을 묶어 몸을 고정시켜야 하는 일 등등 우주인이 아니라면 결코 체험할 수 없는 것이겠죠.

  호기심이 많은 친구라면 우주인의 꿈을 키워보는 건 어떨까요? 만화 속 주인공처럼 흥미로운 일들이 눈앞에 펼쳐질 거예요.

달을 밟은 최초의
인류로
우주 영웅이 되었어요

달나라로 떠나는 여행을 시작했어요

1969년 7월 16일의 아침이 밝아왔습니다. 오전 4시 15분. 세 우주인은 지구를 떠나기 전 이른 아침을 먹었어요. 모두들 약속이나 한 것처럼 말이 없었죠. 식탁에는 긴장과 설렘 그리고 기대감이 가득 차 있었습니다.

"이제 출발해 볼까!"

침묵을 깨고 암스트롱이 말했습니다. 마이클과 버즈도 알겠다는 듯 동시에 일어났어요. 그들은 곧장 플로리다의 케이프 케네디로 이동했습니다.

케이프 케네디에는 새턴-V 로켓의 발사대가 세워져 있어요. 그곳에서 그들은 컬럼비아호를 타고 달을 향해 날아갈 것입니다. 이를 구경하려고 아침부터 많은 사람들과 방송 카메라들이 몰렸어요. 하지만 세 우주인은 오히려 담담했습니다.

비행사들은 요상한 차림새의 우주복을 입었어요. 공기 주머니라도 달린 듯 불룩한 몸통에 유리구슬 같은 둥글고 커다란 헬멧을 썼어요. 이 우주복은 비행사들의 생명을 보호해줄 거예요. 산소를 공급해주고, 피부가 상하지 않도록 압력과 온도를 조절해주지요.

또, 우주복 안에는 통신 장비도 갖춰져 있어요. 그래서 우주선 밖으로 나갔을 때 다른 사람과 연락이 가능하지요. 우주복이 없다면 우주 환경에서 살아남을 수 없을 거예요. 그것은 또 하나의 우주선인 셈입니다.

암스트롱을 앞세운 세 명의 우주인들이 발사대에 올랐습니다. 승강기는 컬럼비아 호 우주 캡슐에 멈췄지요. 암스트롱은 크게 숨을 고른 다음 우주선에 탑승했습니다. 그때 시각이 오전 6시 52분이었습니다.

"아폴로 11호의 탑승을 축하합니다."

플로리다의 발사 관제 센터에서 말했습니다. 아폴로 11호가 발사할 때까지만 그들이 도와줄 거예요.

"아폴로 11호 시스템을 점검합니다."

휴스턴의 나사에서 말했습니다. 우주선이 발사된 후에는 나사 팀에서 모든 비행을 책임질 것입니다.

암스트롱도 아폴로 11호의 우주선 안을 점검했어요. 모든 것이 제자리에 완벽하게 갖춰져 있었습니다. 드디어 발사를 위한 초읽기에 들어가는 순간입니다.

"아폴로 11호 발사 준비 완료! 카운트다운 시작! 10, 9, 8……"

초읽기가 시작됐습니다. 지켜보는 사람도, 세 우주인도, 모두 숨을 죽였습니다.

"7, 6, 5, 4……"

암스트롱은 침을 꼴깍 삼켰습니다. 초읽기는 마지막을 향해 달려갔습니다.

"3, 2, 1. 발사!"

쿠우우웅, 귀가 먹먹할 정도로 큰 소리가 납니다. 지진이라도 난 것처럼 땅이 흔들흔들거렸어요. 새턴-V 로켓은 불꽃을 길게 내뿜으며 하늘로 솟아올랐습니다. 오전 9시 32분의 일이었습니다.

발사할 때는 우주선 조종실도 심하게 흔들렸어요. 어찌나 빠른 속도로 날아가는지 암스트롱은 눈을 질끈 감았습니다. 하지

만 얼마 안 가 흔들림은 멈췄어요. 암스트롱은 우주선의 비행을 감상했습니다.

대기권 안에서 1단계 부분이 떨어져 나갔어요. 곧이어 2단계 엔진에 불이 켜졌습니다. 아폴로 11호는 지구 주위를 돌았어요. 지구를 한 바퀴 반 돌고 나자 2단계 부분이 떨어져 나갔습니다. 이 모든 게 우주선을 발사하고 12분 만의 일이었답니다.

그 뒤, 새턴-V의 마지막 3단계 엔진이 켜졌습니다. 우주선은 더 빠른 속도를 냈어요. 그리고 전속력으로 달을 향해 날아가기 시작했습니다.

이제는 우주입니다. 비행은 순조로웠어요. 달로 가는 길에 정상적으로 들어서자 암스트롱은 한시름 덜었습니다.

"마이클, 여기 상황을 전해줘. 그들은 오래 못 기다리니까."

암스트롱은 농담 섞인 말투로 말했습니다. 나사에서 우주선의 소식만을 목이 빠져라 기다리고 있을 테니까요.

"아폴로 11호, 달의 궤도에 정상 진입했습니다."

마이클은 곧장 무전을 보냈어요.

"야호!"

일제히 환호성이 터져 나왔습니다. 성공적인 발사에 나사는 온통 축제 분위기였어요. 하지만 아직 축하하기에 일렀습니다. 이제 시작일 뿐이니까요. 그들은 애써 침착함을 되찾고 이렇게 대답했습니다.

"여기는 휴스턴! 아폴로 11호, 즐거운 여행이 되길 바란다."

세 우주인의 입가에 미소가 번졌습니다.

통신을 끝낸 암스트롱 일행은 긴장감을 벗고 편안해졌어요. 그리고 이내 졸음이 밀려왔습니다. 스르르 눈을 감은 우주 비행사들은 그렇게 우주에서의 첫날밤을 보냈습니다. 그들이 잠든 사이에도 아폴로 11호는 달에 점점 가까워지고 있었답니다.

안녕, 고요의 바다!

"좋은 아침! 다들 우주선 생활에 불만은 없겠지? 그곳은 전 세계 어디에도 없는 특급 호텔이라는 걸 잊지 말게."

휴스턴에서 매일 아침인사를 건넵니다. 나사는 자명종을 대신해 암스트롱 일행을 깨워줘요. 어슴푸레한 어둠으로 둘러싸인 우주에서 시간을 알기란 쉽지 않으니까요.

이렇게 아침을 알려주며 규칙적인 생활을 하도록 살펴주죠. 덕분에 암스트롱 일행은 걱정 없이 하루를 맞이할 수 있답니다. 나사의 말처럼 전 세계 어디에도 없는 잠자리에서요.

좁은 우주선 안에는 관처럼 생긴 1인용 침실이 있습니다. 여기서 우주비행사들은 잠을 잡니다. 만약에 침실이 없다면 벽에 붙어 있는 침낭에서 자야 해요. 그 모습이 꼭 나무에 매달린 번데기 같죠. 안 그러면 몸이 둥둥 떠다니며 이곳저곳 부딪히기 쉽답니다.

　이밖에도 우주선에서의 생활은 정말 신기해요. 음식 종류는 지구와 똑같지만 생김새는 조금 다릅니다. 물기를 쫙 빼고 말려 특수봉지에 담아 놓았거든요. 마치 인스턴트 즉석국처럼 물을 부어 전자레인지에 데워 먹습니다.

　음료수도 마찬가지예요. 말린 과일 가루에 찬물을 부어 마셔야 하지요. 음식을 먹을 때는 한 번에 쏙! 재빨리 빨아들여야 합니다. 그러지 않으면 마술처럼 음식이 공중에서 둥둥 떠다닐 테니까요.

　우주선 안의 식사는 때때로 재미난 놀이가 됩니다.

　"닐, 물 좀 던져줄래."

　"그러지. 자, 받아!"

　암스트롱이 물방울을 던지면 옆에 있던 버즈가 받아먹어요. 둘은 어린아이처럼 깔깔거리며 웃었습니다.

　그렇게 우주에서 보낸 시간이 어느덧 사흘이 지났습니다. 아폴로 11호도 달에 가까워졌어요. 내일이면 암스트롱은 누구도 시도해본 적 없는 일을 해내야 합니다. 사령관으로서 그의 어깨는 더욱 묵직해졌습니다.

7월 20일 아침, 지구를 떠나 나흘째 되는 날이었어요. 휴스턴에서는 또 다시 아침인사를 건넵니다. 그때는 이미 세 우주인이 아침 식사를 마친 후였어요. 조금 있으면 암스트롱과 버즈는 달 착륙선 '이글 호'에 오를 거예요. 이 날 일어나는 모든 일은 전 세계 최초가 될 것입니다.

암스트롱이 달로 떠나기 전 나사는 이런 지시를 내렸어요.

"달에 예쁜 중국 아가씨가 산다는 얘기가 있어. 커다란 토끼도 있다고 하지. 아가씨의 이름은 '창어'인데, 4천 년 전에 남편한테서 불사약을 훔쳤다가 달로 쫓겨났다나봐. 토끼 이름은 잘 모르겠고, 계수나무 아래 있다더라. 한번 있는지 확인해봐!"

세 우주인의 긴장을 풀어주기 위한 나사의 농담이었습니다.

"좋아! 바니걸스(토끼소녀)를 한번 찾아보겠어."

마이클의 재치 있는 대답에 모두들 한바탕 웃었어요. 하지만 웃음은 곧 사라졌습니다. 암스트롱과 버즈가 착륙선에 옮겨 탔으니까요.

"나중에 봐!"

두 사람을 향해 마이클이 인사를 보냅니다. 이글 호는 마침내 컬럼비아호에서 분리되어 달로 날아갔어요. 버즈가 조종을 맡았지요. 한 시간 반쯤 지나자 달의 표면에 바짝 다다랐습니다.

'이곳이 고요의 바다구나!'

암스트롱의 눈이 휘둥그레졌어요. 지구에서 본 아름다운 달의 모습은 온데간데없었습니다. 오히려 사막보다 황량했어요. 심지어 작은 분화구 같은 구멍이 군데군데 뚫려 있어 으스스하기까지 했습니다. 이렇게 메마른 땅으로 덮인 달을 왜 바다라고 했을까요?

예부터 달은 구역마다 이름을 가지고 있었어요. 동쪽은 '고요의 바다', 북서부는 '맑음의 바다', 북동부는 '풍요의 바다', 북부는 '감로주의 바다'라고 불렀지요. 암스트롱이 도착한 곳은 달의 동쪽, 고요의 바다랍니다.

이글 호는 잠시 후 이곳에 착륙할 예정이에요. 고요의 바다는 다른 구역보다 대체로 평탄한 지형이었어요. 나사에서 미리 점 찍어둔 착륙 지점도 있었죠. 이글 호가 서서히 그곳으로 다가갈 때였습니다.

"이런 안 돼! 버즈, 이곳에 착륙하면 안 되겠어."

갑자기 암스트롱이 소리쳤어요. 뜻밖의 장애물이 이글 호를 가로막았습니다.

"돌이 너무 많아. 이 상태라면 이글 호가 착지하기 힘들어."

원래 착륙하기로 약속된 장소에는 큰 바위들이 너무 많았습니다. 아무도 예상하지 못한 일이었어요. 나사의 사진에는 별다른 문제가 보이지 않았거든요. 일단 암스트롱은 돌을 피해야 했습니다. 돌이 많은 곳은 안전하게 착지하기가 힘듭니다. 게다가 달에서 이륙할 때도 문제가 생기지요. 어쩔 수 없이 암스트롱은 재빨리 조종석을 잡고 직접 운전하기 시작했습니다.

달에 착륙하려면 더 안전한 장소가 필요했어요. 좋은 지역을 발견하지 못하면 모든 계획이 물거품이 됩니다. 암스트롱은 천천히 달의 표면을 돌았어요. 예상치 못한 비행에 이글 호의 연료도 많이 떨어졌습니다.

"닐, 연료가 급격히 떨어지고 있어. 빨리 착륙하지 않으면 우린 영영 달을 떠날 수 없다고!"

버즈는 거의 울먹이듯 얘기했어요. 그러나 암스트롱은 여전히 침착함을 잃지 않았지요. 그는 곧 착지하기 좋은 최고의 장소를 발견했습니다.

"좋았어! 여기야!"

남은 연료가 1분간 쓸 수 있는 양보다 적게 남았을 때, 암스트롱은 약 7킬로미터 떨어진 곳에 착지를 시도했습니다. 그는 과연, 달에 잘 착륙할 수 있을까요?

고요의 바다에 뿌연 흙먼지가 파도처럼 밀려왔습니다.

달에 새겨진 첫 발자국은 누구의 것일까요?

"오른쪽 접근. 오케이. 엔진 정지."

버즈의 말이 통신기를 타고 나사에 전해졌어요. 나사는 숨죽여 이글 호의 소리에 귀 기울였습니다.

"휴스턴, 여기는 고요의 바다. 이글은 착륙했다!"

암스트롱의 목소리가 전해지자 비명에 가까운 함성이 일제히 터져 나왔습니다. 여기저기서 눈물을 흘리는 사람도 있었지요. 미국은 인류 역사상 처음 달 착륙을 이뤄낸 어마어마한 성과를 얻어냈습니다.

그런데 이것이 끝이 아니에요. 이제부터가 놀라움의 시작입니다. 암스트롱과 버즈는 지구인을 대표해 달나라 구경을 나갈 거예요.

두 우주인은 헬멧을 단단히 썼습니다. 그리고 특수 장갑을 끼고, 배낭을 멨지요. 배낭에는 산소가 들어 있는 통과 체온 조절기, 라디오가 들어 있었어요. 달에 머무르는 동안 우주인의 생명을 유지해줄 것입니다.

원래 계획은 착륙선에서 두 시간 정도 잠을 자고 나서는 것이었어요. 하지만 착륙 지점 문제로 시간을 지연하는 바람에 서둘러야 했지요. 제 시간에 사령선과 만나야 하기 때문에 암스트롱은 곧장 달을 밟기로 결정했습니다.

드디어 암스트롱은 우주선의 문을 열었어요. 그리고 조심스럽게 사다리를 타고 내려오기 시작했습니다. 한 발, 한 발, 내디딜 때마다 심장은 두 배로 뛰었어요. 이 순간을 어떻게 말로 설명할 수 있을까요? 암스트롱은 머릿속이 까매졌습니다.

'달에 첫발을 내디딜 때 전 세계 사람들에게 해줄 멋진 말을 생각해두게.'

우주로 떠나기 전 나사의 책임자가 했던 말이에요. 그래서 암스트롱은 며칠 동안 고민했습니다.

'이 역사적인 순간에 무슨 말을 해야 감동을 전할 수 있을까?'

방금 전까지도 딱히 좋은 말이 떠오르지 않았어요. 이미 지구에서는 라디오로 암스트롱의 목소리가 생중계되고 있었습니다. 모두의 눈과 귀가 그의 한 마디를 애타게 기다리고 있었답니다.

그리고 마침내 달에 첫 발을 디딘 암스트롱은 이렇게 말했습니다.

"이것은 한 사람에게는 작은 발걸음이지만 인류에게는 위대한 도약입니다."

지구의 4억 5천만 명이 그의 말을 들었습니다. 이 말은 우주 개발사에서 가장 유명한 대사가 되었지요. 암스트롱이 달에 남긴 첫 발자국과 함께 말입니다.

달의 표면은 푸석푸석하면서도 단단했어요. 뚜렷하게 발자국이 남을 정도였죠. 이렇게 아폴로 11호의 사령관 닐 암스트롱은 달에 최초로 발자국을 남긴 사람으로 기억되었어요. 정말로 세계 역사에 한 획을 긋는 사건이었답니다.

암스트롱은 곧장 TV카메라를 설치했어요. 그리고 지구의 시청자들에게 지금껏 가본 적 없는 달을 선물해주었습니다. 그는 버즈가 착륙선에서 내려오는 장면도 찍었어요. 이 장면을 본 미국의 유명 앵커는 이렇게 말했습니다.

"와우! 저 그림들을 보세요!"

보고도 믿을 수 없는 장면이 펼쳐졌습니다. 전 세계 시청자들은 계수나무 아래 사는 여인과 토끼를 찾을 수 없었지만, 두 명의 우주인이 토끼처럼 껑충껑충 뛰는 장면을 보았습니다.

"버즈, 이제 임무를 시작하자. 우리는 달에 두 시간 정도밖에 머물 수 없어."

배낭의 산소탱크는 두 우주인에게 두 시간 반만 허락했어요. 오래 머물고 싶어도 그럴 수 없었죠. 달에는 산소가 없으니까요.

암스트롱은 나사의 임무를 하나하나 완수했습니다. 달의 돌멩이와 흙을 모으고, 지진계와 레이저 반사경 등 여러 가지 과학 장비를 설치했어요. 찰칵! 사진도 찍었죠. 암스트롱의 카메라에는 버즈의 모습도 담겨 있답니다.

버즈는 미국 국기를 땅에 꽂았어요. 깃발은 마치 바람에 휘날리는 것처럼 멋지게 보였습니다.

하지만 여기에는 숨겨진 비밀이 있어요. 달에는 바람이 불지 않는다는 사실입니다. 절대 깃발이 펄럭일 리가 없죠. 아마 그냥 깃발이었다면 볼품없이 축 늘어졌을 거예요. 나사는 그 사실을 아주 잘 알았습니다.

"달에 미국 국기가 멋지게 펄럭이는 모습이 보였으면 좋겠는데…….”

나사 연구원들은 궁리 끝에 깃발의 위, 아랫부분을 철로 감쌌어요. 그리고 암스트롱이 바람에 날리는 것처럼 구겼지요. 그렇게 해서 달에서도 멋지게 휘날리는 깃발이 탄생한 것이랍니다.

이로써 모든 임무가 끝이 났어요. 암스트롱과 버즈도 달을 떠날 시간입니다. 처음에 황량하기만 하던 달의 모습이 점차 아름답게 느껴졌습니다.

“대단하지 않아? 여긴 정말 장관이야.”

버즈가 말했습니다. 헬멧 때문에 보이진 않았지만 암스트롱도 씽긋 미소 지었습니다.

마지막으로 두 우주인은 달에 남게 될 착륙선 다리에 이렇게 적었어요.

'A.D. 1969년 7월, 지구에서 온 사람들이 달에 첫발을 내디뎠다. 우리는 모든 인류의 평화를 위해서 왔다.'

그렇게 달과 작별인사를 나눴답니다.

착륙선은 무사히 달을 떠났어요. 아주 사소한 문제가 있었지만 큰일은 아니었습니다. 시동을 거는 스위치가 부러져 펜으로 움직였거든요. 다행히 이륙에 성공했고, 사령선 컬럼비아호와 도킹에 성공했습니다.

'안녕, 이글 호! 우리를 달에 데려가줘서 정말 고마워.'

암스트롱은 이글 호와도 작별인사를 나눴어요. 두 우주인이 조종실로 옮겨 타자 마이클은 예정대로 이글 호를 분리시켰습니다. 더 이상 달착륙선은 필요하지 않으니까요.

이제는 정말 푸른 지구로 떠날 차례입니다. 마이클은 큰 소리로 외치며 엔진 스위치를 힘차게 눌렀습니다.

"로켓 발사! 이번 종착역은 지구입니다."

다른 사람에게
양보한 영광

　지구로 돌아오는 데는 꼬박 60시간이 걸렸어요. 7월 24일 낮, 우주선은 대기권을 통과했습니다. 달로 떠난 지 195시간이 흐른 뒤였어요.

　세 개의 낙하산이 펼쳐지고, 아폴로 11호는 태평양 한가운데에 사뿐히 내려앉았습니다. 미리 대기하고 있던 헬리콥터가 세 명의 우주비행사를 건져 올렸어요. 그리고 커다란 함정은 아폴로 11호를 끌어올렸지요. 여기저기서 시끌시끌 요란한 소리가 들렸습니다.

　'정말 지구로 돌아왔구나. 그래, 지구에는 이렇게 많은 소리가 있었지!'

그제야 암스트롱은 지구로 돌아온 걸 실감했어요. 공기가 없는 달에서는 소리도 전달되지 않기 때문에 적막했거든요. 마음껏 숨을 쉬고 이야기할 수 있는 지구가 무척 반가웠습니다.

하지만 캡슐에서 완전히 벗어나지는 못했어요. 우주선에서 내리자마자 세 우주인은 또 다른 캡슐에 갇혀야 했습니다.

"모두들 우리를 이해해주게. 혹시나 자네들의 몸에 이상한 병균이라도 묻어 있다면 큰일이지 않겠나?"

나사는 달에서 우주 병균을 옮겨 왔을까 봐 걱정했어요. 다행히 세 우주인은 건강했습니다. 이상한 병균이 없다는 걸 확인받고 캡슐 밖으로 나올 수 있었지요. 3주 후의 일이었답니다.

암스트롱은 알에서 깨어난 병아리처럼 세상이 신기했어요. 갑자기 슈퍼스타가 된 기분이었습니다.

"우주 영웅들이 돌아왔다!"

"달 사나이들, 여기 봐주세요! 사랑해요!"

전국 방방곡곡이 떠들썩했어요. 수많은 사람들이 암스트롱 일행을 환영해주었지요. 그들이 가는 곳마다 박수 소리와 함성이 끊이지 않았습니다.

당시 미국의 대통령이던 리처드 닉슨도 우주비행사들을 보고 기뻐했어요. 그는 암스트롱 일행에게 이렇게 말했지요.

"아폴로 11호 덕분에 하늘은 인간 세계의 일부가 되었습니다."

지구에서 세 명의 우주인은 하늘을 정복한 영웅 대접을 받았답니다.

그들은 훈련 때보다 바쁜 나날을 보냈어요. 미국과 전 세계를 돌며 달 이야기를 했고, 많은 방송과 인터뷰도 해야 했지요. 그럴 때마다 특히 관심을 받은 건 암스트롱이었어요. 아폴로 11호의 사령관이자, 인류 최초로 달을 밟은 사나이였으니까요.

"닐 암스트롱 씨, 달에 착륙한 첫 번째 사람이 되었는데 착륙 당시의 느낌은 어땠나요?"

어느 기자 회견장이었어요. 한 명의 기자가 암스트롱에게 질문을 던졌습니다. 그러자 그는 의외의 대답을 했어요. 그런 다음 입을 닫았습니다.

"달 착륙은 40만 명의 사람들이 10년에 걸쳐 이룬 결정체입니다. 나를 특별한 사람처럼 대하는 것을 이해할 수 없습니다."

조금 엉뚱한 대답이었지만 암스트롱이 그렇게 말한 데에는 이유가 있었어요. 그는 누구보다 겸손한 사람이었습니다.

암스트롱은 걱정했어요. 자신의 그림자에 가려 버즈와 마이클이 제대로 평가받지 못할까 봐 아쉬워했죠. 그래서 되도록 말을 아끼고, 자신의 공을 모두에게 돌려주었습니다.

어떤 사람들은 사령관인 암스트롱이 명예를 독차지하려고 먼저 내린 것이라고 비난하기도 했어요. 하지만 그들이 몰랐던 사실이 있습니다.

실제로 달에 첫발을 내딛는 임무는 버즈 올드린의 것이었어요. 하지만 달착륙선이 다른 곳에 착지하면서 어쩔 수 없이 암스트롱이 먼저 내린 것이죠. 대신 버즈에게는 새로운 영광을 돌려주었답니다.

아폴로 11호의 우주비행사 사진과 TV 장면들! 그 속의 주인공이 모두 버즈 올드린이라는 사실을 알고 있나요? 암스트롱은 달에 있는 인류의 사진 모델을 버즈에게 양보한 것입니다. 원래 카메라는 버즈가 찍기로 되어 있었거든요. 암스트롱 덕분에 버즈 올드린은 달 착륙을 지켜보는 시청자들을 향해 '우주에서 손을 흔든 최초의 사람'이 되었답니다.

30년이 흐른 뒤에도 암스트롱의 겸손은 변함이 없었어요. 1999년, 세 명의 우주비행사는 '새뮤얼 랭글리'라는 영예로운 상을 받게 되었지요. 그때 암스트롱은 이런 소감을 남겼답니다.

"저 혼자 감사할 일이 아닙니다. 우리 아폴로 11호 승무원들은 아폴로 계획에 참여했던 모든 관계자를 대신해 감사할 따름입니다."

　암스트롱은 끝까지 주목받기를 원하지 않았어요. 자신이 이룬 업적이 혼자만의 것이 아니라는 걸 잘 알고 있었죠. 국민들의 세금을 걷어 완성된 계획을 가지고 이익을 취하는 것은 아니라고 생각했죠. 그저 평범한 지구인의 삶을 선택했습니다.

　그래서 암스트롱을 말할 때 많은 언론이 꼭 이런 제목을 붙인답니다.

　'겸손한 영웅, 닐 암스트롱!'

　유명세를 이용해 정치인이나 사업가로 부유하게 살 기회도 많았어요. 그러나 암스트롱은 절대 신념을 꺾지 않았습니다. 대신 기회가 될 때마다 봉사 활동에 적극적으로 참여했어요. 1971년에는 미국 평화봉사단으로 한국에 방문한 적도 있었죠. 암스트롱은 한국과 인연이 깊은 영웅이라 할 수 있답니다.

　항상 겸손하게 상대방을 대했던 암스트롱! 암스트롱이 진정한 영웅으로 사랑받는 이유는 바로 겸손한 마음이 있기 때문입니다.

아폴로 11호가 조작이라고!?

"다시는 우주선을 타지 않겠어!"

1971년에 암스트롱은 나사를 떠났습니다. 달에 다녀온 뒤 세계적 유명 인사가 되었지만, 그에게는 전혀 즐거운 일이 아니었어요. 오히려 많은 이들의 관심이 암스트롱을 괴롭혔습니다.

기업이나 정치인, 사회단체들이 암스트롱의 덕을 보려고 줄줄이 찾아왔어요. 심지어 그의 사인을 받아 비싼 값으로 팔기도 했죠. 그 때문에 가짜 사인을 만들어 파는 사람도 생겨났습니다.

이 사실을 알게 된 암스트롱은 매우 실망했어요.

'내가 원한 건 이런 게 아니야! 달 탐사의 성공을 함께 기뻐

하기만 바란 것뿐인데……. 다시 조용하고 평범했던 삶으로 돌아가고 싶어.'

그 뒤 암스트롱은 모두의 관심 밖으로 사라지려고 노력했습니다. 나사를 나온 뒤 어떤 인터뷰도 하지 않았어요. 그에게 들어오는 모든 부탁도 정중히 거절했지요. 암스트롱은 오하이오주에 작은 농장을 사고, 한 대학에서 교수로 일하며 평범한 생활을 즐겼습니다.

그런데도 불편한 일들은 계속 일어났어요. 한번은 20년 동안 단골로 드나들던 이발사와 말썽이 생겼습니다. 글쎄, 이발사가 암스트롱의 자른 머리털을 챙겨 판 것이 아니겠어요! 그 수익금만 해도 3천 달러가 넘는 어마어마한 금액이었습니다.

뒤늦게 사실을 알게 된 암스트롱은 머리끝까지 화를 냈어요.

"시즈모어! 지금까지 당신이 판매한 내 머리털을 전부 되찾아오시오! 안 그러면 당장 경찰에 신고하겠소."

하지만 이미 팔린 머리털을 어떻게 되찾아오겠어요? 이발사는 손이 발이 되도록 싹싹 빌었어요. 마음 약한 암스트롱은 그를 용서하는 대신 한 가지 조건을 내세웠습니다.

"당신이 내 머리털로 올린 수익을 자선단체에 모두 기부한다면 용서해주겠소."

이발사는 암스트롱의 말대로 모든 금액을 어려운 이웃에게 기부해야 했답니다.

한 기업도 암스트롱의 이름을 마음대로 광고에 사용하다가 혼쭐이 났어요. 또 다시 그들이 얻은 이익금을 자선 단체에 기부하도록 했지요. 이렇게 암스트롱은 자신이 가진 자원을 공공의 일에 사용했답니다.

하지만 이런 일들은 암스트롱에게 작은 상처일 뿐이었어요. 더 큰 시련이 세 명의 우주인을 괴롭혔습니다.

"아폴로 11호의 달 착륙은 조작입니다. 그들은 달 근처에도 가지 못했어요! 영화 스튜디오에서 촬영한 새빨간 거짓말입니다."

이상한 소문이 이곳저곳에서 떠돌기 시작했어요. 방송에서도 마치 사실인 것처럼 거짓을 말하기도 했지요. 이유도 우스꽝스러웠습니다.

"달에 바람이 없는데 어떻게 깃발이 날리겠어요?"
"우주는 어두운데 달에 그림자가 있어요!"

달은 태양빛을 받아서 밤하늘에 빛나요. 암스트롱의 일행이 머무를 때 달은 태양빛을 받고 있었죠. 그림자가 생기는 건 당연해요. 그런데도 그들은 주장을 굽히지 않았답니다.

"암스트롱이 언론에 모습을 보이지 않는 것을 보세요! 거짓말이 부끄러워서 그런 거예요."

마이클과 버즈가 수많은 인터뷰를 하는 동안에도 암스트롱은 전혀 모습을 드러내지 않았습니다. 그것이 조작설에 큰 힘을 실어준 셈이지요. 그래도 암스트롱은 크게 걱정하지 않았어요. 시간이 지나면 거짓 소문은 잠잠해질 테니까요.

"암스트롱이 비밀리에 한 인터뷰에서 '나는 달에 간 적이 없다'고 말했대. 달 착륙은 역시 거짓이야!"

그런데 나쁜 소문은 왜 눈덩이처럼 불어나는 걸까요? 암스트롱이 하지 않은 말까지 보태져서 말이죠. 아무리 나사와 두 우주인이 진실을 말해도 사람들은 믿지 않았어요. 심지어 성질 급한 버즈는 달 착륙이 조작이냐고 묻는 사람에게 주먹을 날리기도 했죠. 점점 상황은 심각해져만 갔습니다.

'나의 신념을 지키자고 동료들을 거짓말쟁이로 만들 순 없어. 진실을 밝혀야겠군!'

마침내 암스트롱은 결심했습니다. 조용한 삶을 살고 싶었지만 동료들의 명예를 위해 오랜만에 얼굴을 드러냈어요. 암스트롱은 영국의 한 언론과 마지막 인터뷰를 가졌습니다.

"사람들은 음모를 좋아합니다. 매우 매력적이니까요. 하지만 나와 내가 찍은 카메라가 진실을 알고 있기 때문에 걱정하지 않습니다."

신중하고 진실된 고백이었어요. 암스트롱의 성품을 아는 사람들은 그의 말을 믿어주었습니다. 당당하기 때문에 오히려 거짓을 상대해 변명할 필요가 없었던 거예요. 암스트롱의 진실은 결코 흔들림이 없었답니다. 그는 누구보다 양심적인 삶을 산 사람이니까요.

이후에도 달 착륙에 대한 이야기가 끊임없이 나왔어요. 지금도 거짓이라고 믿는 사람도 있죠. 암스트롱의 말처럼 거짓은 흥미로워서 그것을 믿고 싶은 사람들은 진실을 전혀 들으려 하지 않아요. 더 자세히 알아보고 신중하게 판단하면 좋을 텐데 말이죠. 무척 안타까운 일입니다.

그러나 무엇보다 중요한 건 아직도 달에는 아폴로 11호의 흔적이 있다는 사실이에요. 암스트롱과 버즈가 설치한 과학 장비들이 있죠. 가장 결정적인 증거는 달 표면에 설치한 반사판입니다. 지금도 나사는 이 반사판에 레이저 광선을 반사시켜 달까지의 거리를 측정하고 있답니다.

우주여행의 꿈이 가까워졌어요

　1972년 미국은 아폴로 11호 이후에도 무려 여섯 번이나 달나라에 다녀왔어요. 아폴로 12호에서부터 13호를 뺀 17호까지 달 착륙에 성공했지요. 이로써 달 위를 걸은 우주비행사는 암스트롱을 포함해 모두 열두 명이 되었습니다.

　그러나 첫 번째 달 여행은 여전히 중요했어요. 아폴로 11호의 성공으로 미국은 러시아를 제치고 우주 강대국으로 떠올랐습니다. 또한 우주에 대한 사람들의 생각도 바꿔놓았지요.

　당시 사람들은 전쟁으로 많이 지쳐 있었어요. 그들의 마음은 폐허처럼 쓸쓸하고 메말라 있었습니다. 아폴로 11호를 보기 전까지는 말이죠.

암스트롱이 달을 걷는 모습은 마치 꿈 같았어요. 덩달아 함께 우주여행을 하는 기분이었죠. 사람들은 전쟁이 아닌 우주를 상상하기 시작했습니다. 언젠가 우리도 달 위를 걸을 날이 있겠지요? 그 날을 생각하며 기대에 가득 찼습니다.

기적은 바로 그때부터 일어났어요. 미국과 러시아는 화해를 했고, 커다란 전쟁은 더 이상 일어나지 않았습니다. 그리고 두 우주 강대국은 우주로 여행 가는 인간의 꿈을 실현시키기 위해 협동하기로 했어요. 마침내 우주정거장을 개발하고 함께 태양계 탐사를 하고 있답니다.

이처럼 아폴로 11호가 지구에 남긴 위대한 유산은 '희망'입니다. 꿈은 이루어진다는 가능성을 확신하게 된 것이지요. 이것이야말로 인류의 위대한 도약이었습니다. 그리고 닐 암스트롱은 바로 그 희망의 상징이었답니다.

암스트롱은 여든두 살의 나이로 생을 마감할 때까지도 소탈한 삶을 살았어요. 어떤 행사에도 참석하지 않았던 그였지만 종종 에어쇼에 나타나기도 했습니다.

한번은 지방 에어쇼에 나타나 이런 말을 했어요.

"나도 저곳에 있으면 좋을 텐데……."

암스트롱이 가진 욕심이라곤 가끔 조종석을 잡고 싶어 하는 것뿐이었습니다.

이제 우주 영웅은 지구를 떠났습니다. 2012년 8월 25일, 암스트롱은 병으로 숨을 거두었죠. 전 세계인은 그의 죽음을 슬퍼했습니다.

사람들은 그가 이룬 위대한 업적을 기억했지만, 무엇보다 그의 인품을 더 존경하고 사랑했어요. 암스트롱이 살아 있을 때 그를 인터뷰한 제임스 핸슨 작가는 말했습니다.

"암스트롱은 극기심과 절제력이 강하고 헌신적이며, 정직한 인물입니다. 그의 삶은 유명인들은 물론 모든 사람에게 좋은 본보기가 될 것입니다."

장례식에서 나사의 행정관이었던 찰스 볼든도 암스트롱에 대해 한마디 거들었습니다.

"그는 용감한 모험을 마다하지 않았으나, 그 자신은 믿을 수 없을 정도로 겸손했습니다. 아마 그는 지금처럼 자신의 장례식에 관심이 쏟아지는 일조차 달갑게 여기지 않을 것입니다."

인류 최초로 달에 발을 디딘 우주 영웅 닐 암스트롱. 그는 가장 소박한 영웅이지만, 진정한 거인이었어요. 우주처럼 넓고 깊은 마음을 가졌으니까요. 우주에 대해 더 많이 알수록 사람들은 닐 암스트롱을 떠올릴 것입니다.

아폴로 11호와 세 명의 우주인으로부터 시작된 희망은 여전히 활활 타오르고 있어요. 인류는 우주로의 여행이 반드시 이루어질 거라고 믿고 있지요. 실제로 나사에서는 일반인을 태우고 가는 우주 여행을 계획 중이랍니다. '100년 스타십 프로젝트'라 불리는 우주왕복선을 만드는 것이지요.

그리고 러시아에서도 우주 여행 탑승객을 모으고 있어요. 이미 탑승권을 구매한 사람도 있습니다. 물론 아직 많은 시간과 엄청난 돈이 필요해요. 하지만 꿈의 여행에 한 발짝 다가간 것만은 분명합니다.

머지않아 달에서 암스트롱의 흔적을 문화재처럼 감상할 날도 올 거예요. 그때를 상상하며, 여러분도 닐 암스트롱처럼 우주 시대를 이끌어가는 사람이 되어보는 건 어떨까요?

달은 어떻게 생겼을까요?

　예부터 밤하늘의 주인인 달은 신비로운 존재였어요. 사람들은 달에 소원을 빌고, 아름다운 노래를 만들어 부르기도 했죠. 우리나라에도 '반달'이라는 동요가 있듯이 달은 상상 속의 낙원이었습니다.

　그런데 암스트롱이 달을 보여주면서 환상이 깨졌어요. 대신 달의 이상한 생김새에 더 많은 궁금증을 갖기 시작했답니다. 달은 어떻게 생겼고, 또 무엇으로 이루어졌을까요? 달의 모양은 왜 바뀌는 것일까요? 달에 대한 호기심을 하나하나 풀어 보도록 해요.

달은 지구 주변을 돌고 있는 단 하나의 위성이에요. 지구가 태양 주위를 도는 것처럼 달도 지구 주위를 도는 것이죠. 그것을 공전이라고 합니다. 달은 공전 주기와 스스로 도는 자전 주기가 같아요. 그래서 우리는 평생 달의 한쪽 면밖에 볼 수 없어요.

게다가 달의 모양도 조금씩 달라져 보입니다. 달이 지구 주위를 돌면서 태양빛을 받는 부분이 달라지기 때문이죠. 달은 지구를 한 바퀴 도는 데 한 달이라는 시간이 걸려요. 그래서 한 달 동안 매일 같은 시각에 달의 모양을 관찰하면 조금씩 달라지는 것을 확인할 수 있답니다.

1609년 갈릴레이는 망원경을 써서 달을 최초로 관찰했어요. 그리고 달 표면을 자세히 그린 지도를 제작했죠. 이때부터 달에 대한 관심이 천문학자들 사이에서 매우 높아졌어요. '리치올리'라는 이탈리아 천문학자는 달 표면을 관측해서 여러 이름을 지어주기도 했습니다.

달 표면을 보면 어두운 부분과 밝은 부분으로 나뉘어요. 리치올리는 그것을 보고 달의 어두운 부분을 '바다', 밝은 부분을 '육지'라고 했어요. 그래서 아폴로 11호가 착륙한 곳의 이름도 '고요의 바다'인 것입니다. 오늘날에도 이런 표현은 계속 사용되고 있어요.

실제로 달 표면에는 물이 전혀 없습니다. 달은 온통 모래로 덮여 있어요. 운석 등에 의해 잘게 부서진 돌들이 쌓여 만들어진 것이 바로 달이랍니다.

달에는 대기가 거의 없기 때문에 한 번 잘게 부서진 돌들은 만들어진 그대로 남아 있게 돼요. 지구처럼 물이나 바람, 지진 등과 같은 이유로 변화가 일어나지 않지요. 그렇게 처음 생겨난 때부터 지금까지 달은 같은 모습으로 남아 있는 것입니다.

또 하나의 특징은 표면에 널려 있는 크고 작은 구덩이들이에요. 그것을 '크레이터'라고 부릅니다. 수많은 분화구 모양의 지형과 울퉁불퉁한 산악지형을 볼 수 있지요. 달의 밝은 부분인 육지에 더 많이 자리 잡고 있어요.

사실 많은 우주과학자나 연구원들은 달이 처음부터 물

이 없는 땅은 아니었을 것이라고 생각해요. 2009년, 달 탐사선은 달에 물이 있었던 흔적을 여럿 발견했습니다.

달의 광물과 크레이터를 분석하고 관측한 결과, 물이 있었다는 확신을 얻었어요. 심지어 화산 활동이 있었다는 것도 알게 됐지요.

일본의 달 탐사선이 촬영한 영상에서 지하 용암 터널을 발견했어요. 이번 발견으로 인류는 또다시 달에 기지를 건설할 수 있다는 가능성을 발견했습니다. 그리고 달의 천연자원들을 활용할 방법도 생각하고 있지요. 어쩌면 달은 지구에서 모자란 자원들을 보충할 중요한 천연기지가 될지도 모릅니다.

그것이 인류가 달에게 관심을 기울이는 이유랍니다. 지구와 형제처럼 자란 달에 대한 기대감은 점점 높아지고 있어요. 암스트롱이 달에 처음 발을 디딘지 50년이 지났습니다. 그리고 아폴로 17호가 1972년에 달에 착륙한 후 아직 인간이 달에 간 적이 없습니다. 달에 대한 관심이 다시 높아지고 있는 지금, 다시 달에 발을 디딜 인류는 여러분일 수 있습니다. 더 넓은 세상으로, 우주로 눈을 돌려 광대한 꿈을 품어보도록 해요.

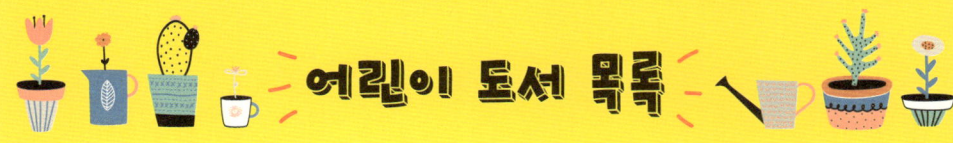

어린이 도서 목록

박지성의 열정, 도전, 전설이 된 축구 이야기
● 경기도학교도서관사서 추천도서 선정

도영인 지음 | 허한우 그림 | 크라운판 변형 | 164쪽 | 14,000원

불리한 신체조건을 극복하고 한국 축구 전설이 된 박지성 이야기. 태극전사 11년, 일본 교토상가FC, 네덜란드 PSV아인트호벤, 영국 맨체스터 유나이티드FC에서의 활약상을 만날 수 있어요.

강영우, 세상을 밝힌 한국최초 맹인 박사

성지영 지음 | 이정헌 그림 | 신국판 변형 | 136쪽 | 12,000원

가족들을 차례로 하늘나라로 떠나보낸 소년. 이 소년은 설상가상으로 눈까지 멀고 맙니다. 하지만 이 소년은 한국 최초의 맹인 박사는 물론 백악관 공무원까지 되었답니다.

이세돌, 비금도 섬 소년 바둑 천재기사
● 한국어린이교육문화연구원 으뜸책 선정

조영경 지음 | 이정헌 그림 | 크라운판 변형 | 120쪽 | 13,000원

2016년 3월. 인공지능 컴퓨터 알파고(AlphaGo)와 이세돌의 바둑 대국에서 알파고는 4승 1패로 인간 이세돌을 이겼습니다. 이 책에서는 인간 이세돌의 값진 1승과 함께 과학의 발전 그리고 이세돌의 집념과 천재성을 만나볼 수 있습니다.

창의력 CEO 송승환의 멈추지 않는 상상력

송승환 지음 | 양민숙 그림 | 크라운판 변형 | 160쪽 | 13,000원

〈난타〉공연으로 세계적인 명성을 얻고, 평창올림픽 개폐회식 총감독까지 맡은 송승환의 창의력에 대한 이야기를 담고 있어요. 책벌레로 자란 어린 시절부터 배우와 공연연출가로 자신의 꿈을 이루어 간 이야기들을 들려줍니다.

스티브 잡스가 살아서 자동차를 만들었다면

황연희 지음 | 허한우 그림 | 신국판 변형 | 164쪽 | 12,000원

애플, 매킨토시, 아이폰, 아이패드 등으로 21세기 문화생활을 획기적으로 변화시킨 위대한 혁신가 스티브 잡스의 모든 것을 알려줍니다. 뛰어난 혁신가의 이야기 속에서 어린이 여러분이 앞으로 무엇을 배워 나갈지 발견할 것입니다.

록펠러, 나눔을 실천한 최고의 부자

엄광용 지음 | 김정진 그림 | 신국판 변형 | 152쪽 | 12,000원

석유 사업으로 세계 최고의 부자가 된 록펠러. 그러나 갑자기 시한부 생명을 선고받은 그를 구원해 준 것은 이웃에 대한 사랑, 나눔의 실천이었습니다. 록펠러 아저씨가 남긴 유산은 지금도 좋은 일에 사용된답니다.

법정스님의 아름다운 무소유

●청와대 어린이신문 푸른누리 추천도서 선정   ●『좋은 어린이책』 선정

곽영미 지음 | 최주아 그림 | 신국판 변형 | 212쪽 | 11,000원

많이 갖는 것이 행복한 것이 아니라 베푸는 것이 행복한 것이라고 실천을 통해 가르쳐 주신 법정 스님 이야기. 무소유, 나눔, 배움, 실천 등 마음을 비우고 베푸는 즐거움을 느껴보세요.

박영석, 세계의 지붕이 된 산사나이

이영준 지음 | 임하라 그림 | 신국판 변형 | 144쪽 | 12,000원

남극과 북극 그리고 지구에서 가장 높은 산까지. 인간의 손이 닿지 않은 어떠한 곳도 두 발로 걸어간 박영석 탐험대장 이야기가 어린이들의 용기와 모험심을 키워줍니다.

메시, 축구 역사를 새로 쓰는 작은 거인

황연희 지음 | 이정헌 그림 | 신국판 변형 | 152쪽 | 12,000원

축구를 정말로 사랑하는 소년, 키가 자라지 않는 장애도 그 소년을 막을 수 없었습니다. 오로지 축구 하나만을 바라보고 아르헨티나에서 스페인으로 건너온 소년 메시가 이제 축구의 역사를 새로 쓰고 있습니다.

박찬호의 노력, 끈기, 전설이 된 야구 이야기

임진국 지음 | 허한우 그림 | 크라운판 변형 | 180쪽 | 15,000원

박찬호 선수는 메이저리거가 단 한 명도 없던 대한민국에서 최초로 미국 야구장에 우뚝 서겠다는 꿈을 꾸었습니다. 여러분도 무엇인가를 이루고 싶다면, 박찬호 선수처럼 긍정적으로 믿고 노력하세요.

박태환, 0.01초에 승부를 거는 희망의 마린보이

임진국 지음 | 이정헌 그림 | 크라운판 변형 | 152쪽 | 14,000원

세계에서 출발이 가장 빠른 선수 박태환. 그 박태환 선수도 올림픽에서 부정출발로 탈락하는 아픔을 겪었습니다. 움츠러들게 하는 약점과 큰 좌절을 극복하고 올림픽 챔피언이 되기까지의 성장이야기가 고스란히 담겨 있습니다.

이승엽, 기록의 사나이 한국 야구의 전설이 되다

● 한국어린이교육문화연구원 으뜸책 선정

임진국 지음 | 이승엽 감수 | 허한우 그림 | 신국판 변형 | 152쪽 | 14,000원

야구를 좋아하던 장난꾸러기 어린이가 어떻게 아시아 최고의 홈런왕이 되었을까요? 그 비결은 바로 노력입니다. 노력은 결코 배신하지 않는다고 말하는 이승엽 선수의 모습은 어린이들에게 큰 감동을 줄 것입니다.

최경주, 그린 위의 챔피언이 된 완도 섬 소년

유정원 지음 | 허한우 그림 | 신국판 변형 | 132쪽 | 12,000원

골프장이 커다란 닭장인 줄 알았던 한 소년이 자라나서 세계 최고의 골프선수가 됩니다. 그 모든 것을 이룰 수 있었던 것은 자신과 가족에 대한 믿음이었습니다. 초심을 잃지 않은 최경주 선수의 이야기는 감동과 재미를 줄 것입니다.

116년 만의 올림픽 금메달을 딴 골프 여제 박인비

조영경 지음 | 이정헌 그림 | 크라운판 변형 | 120쪽 | 13,000원

박인비는 LPGA US 여자오픈 최연소 우승을 비롯해 LPGA 17승, 아시아인 최초로 LPGA 투어 커리어 그랜드 슬램까지 훌륭한 성적을 거두었지요. 그리고 최연소로 LPGA 투어 명예의 전당에 오르고 올림픽 금메달까지 땄어요.

박세리, 한국 골프의 전설 희망의 맨발 샷을 날리다

성호준 지음 | 이정헌 그림 | 크라운판 변형 | 160쪽 | 14,000원

IMF시절 온 국민에게 희망을 안겨 준 투혼의 상징, LPGA 대회 25승, 세계 골프 명예의 전당 최연소 입성, 한국 골프의 전설이 된 박세리는 어떻게 대선수가 되었을까요? 이 책에서 그 이야기를 감동적으로 만나볼 수 있습니다.

중국을 움직이는 5개의 별
● 한국어린이교육문화연구원 으뜸책 선정

추정남 지음 | 박승원 그림 | 크라운판 변형 | 160쪽 | 14,000원

현대의 중국을 만들어 온 다섯 명의 지도자 마오쩌둥, 덩샤오핑, 장택민, 후진타오, 시진핑을 만나 볼 수 있어요. 5명의 지도자들이 성장해 온 배경과 이야기를 알아가면서 오늘날의 중국을 이해할 수 있는 지혜를 얻을 수 있답니다.

쉿! 곰마를 구해줘요

● 동물사랑실천협회 추천도서 선정

고정욱 지음 | 전지은 그림 | 신국판 변형 | 120쪽 | 11,000원

4학년 철진이와 태수는 곰 농장에서 단란한 곰 가족을 발견합니다. 이 곰 가족을 지키기 위해 좌충우돌 감동의 모험이 펼쳐집니다. 동물에 대한 사랑과 어머니의 모정을 느껴보세요.

철가방을 든 천사

엄광용 지음 | 임하라 그림 | 신국판 변형 | 148쪽 | 11,000원

우리나라에 나눔의 씨앗을 뿌리고 하늘로 올라간 철가방 천사 김우수 아저씨의 이야기가 재미있는 창작동화로 나왔어요. 김우수 아저씨의 아름다운 이야기를 읽으며 모두 진정한 나눔을 배워봐요.

엄마 아빠가 읽었던 지혜 쑥쑥 이솝이야기

성지영 엮음 | 손명자 그림 | 크라운판 변형 | 156쪽 | 13,000원

〈토끼와 거북이〉에서는 누가 경주에 이겼을까요? 포도를 먹지 못한 여우가 등장하는 〈여우와 신 포도〉에는 어떤 교훈이 있을까요? 엄마 아빠가 어렸을 때 읽었던 이솝이야기를 통해 재미와 지혜를 만나 볼 수 있어요.

아름답고 지혜 가득한 이야기 왕국 안데르센 동화

최연희 엮음 | 손명자 그림 | 173×225mm | 186쪽 | 13,000원

안데르센 동화는 행복한 왕자와 공주들의 이야기에서부터 어려움을 당하거나, 가난한 사람들의 이야기까지 다양한 이야기가 들어 있어요. 엄마 아빠와 어린이들이 함께 이야기할 수도 있고, 상상력을 키워줄 수 있어요.

할머니가 엄마 아빠에게 들려주었던 전래동화

채 빈 엮음 | 손명자 그림 | 173×225mm | 176쪽 | 13,000원

전래동화는 할아버지, 할머니 그 이전부터 입에서 입으로 전해져 내려온 이야기입니다. 그래서 〈송아지와 바꾼 무〉, 〈의좋은 형제〉, 〈짧아진 바지〉 등을 교과서에 나오는 전래 동화를 읽으며 온 가족이 이야기꽃을 피울 수 있습니다.

난 일기 쓰기가 정말 신나!
● 한국어린이교육문화연구원 으뜸책 선정

조영경 지음 | 이중복 그림 | 크라운판 변형 | 264쪽 | 15,000원

이 책은 일기 쓰기를 힘들고 어려워하는 어린이들에게 재미있고 신나게 일기를 쓰는 법을 알려줍니다. 네 명의 아이들이 겪은 여러 가지 이야기 뒤에 일기를 써넣어 일상의 경험이 어떻게 일기로 쓰이는지 쉽게 알 수 있습니다.

난 독서록 쓰기가 정말 신나!

조영경 지음 | 이중복 그림 | 크라운판 변형 | 188쪽 | 15,000원

책을 읽고 나서 느꼈던 감동과 생각을 재미있게 정리하는 방법들을 알려주는 책이에요. 줄거리쓰기, 마인드맵 그리기, 말풍선으로 표현하기 등 다양한 표현을 통해 독서록을 써나갈 수 있어요.

난 논술 쓰기가 정말 신나!
● 한국어린이교육문화연구원 으뜸책 선정

조영경 지음 | 이중복 그림 | 크라운판 변형 | 200쪽 | 15,000원

논술이란 내 생각을 논리적으로 정리한 글이에요. 근거를 가지고 생각을 정리하면, 친구들이 내 생각을 알 수 있을 거예요. 서로 반대되는 생각을 가지고 있더라도 논술로 상대를 설득할 수 있어요. 이 책은 그 방법을 알려준답니다.

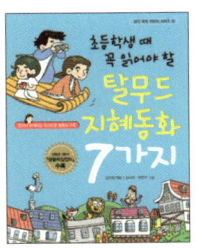

초등학생 때 꼭 읽어야 할 탈무드 지혜동화 7가지

김미정 엮음 | 김서희 · 허한우 그림 | 신국판 변형 | 184쪽 | 11,000원

유태인의 5천 년 지혜를 모아 놓은 거대한 서적 탈무드를 어린이들이 쉽고 재미있게 만나볼 수 있도록 엮었어요. 12,000쪽의 탈무드 중에서 최고의 정수만 골라 7종류 45가지 이야기로 엮은 지혜의 책이랍니다.

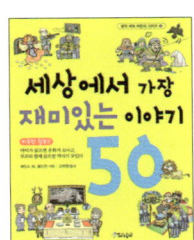

세상에서 가장 재미있는 이야기 50

● 미국판 탈무드 도서

제임스 M. 볼드윈 지음 | 신국판 변형 | 208쪽 | 9,500원

미국 교과서를 만든 볼드윈 선생님이 인류의 역사 속에 등장하는 가장 재미있는 이야기 50개를 모아놓은 책. 오랜 시간 동안 사람들의 가슴을 울리고 웃긴, 마법 같은 힘을 가지고 있는 재미있는 글모음입니다.

세상에서 가장 유명한 인물이야기 50

제임스 M. 볼드윈 지음 | 신국판 변형 | 216쪽 | 9,500원

진짜 꽃을 찾아낸 솔로몬 왕, 선원의 꿈을 포기한 조지 워싱턴, 키 작은 이야기꾼 이솝, 시를 처음 써보는 롱펠로, 페달 보트를 발명한 로버트, 아기 새를 구해준 에이브러햄 링컨. 흥미진진하고 지혜로운 이야기들이 들어 있어요.

괴짜 화가 달리와 함께 하는 아주 쉬운 미술사

은하수 · 이경현 지음 | 이정헌 그림 | 신국판 변형 | 240쪽 | 14,000원

인류는 아주 먼 옛날 처음 지구 위에 등장하던 때부터 미술활동을 해왔다고 할 수 있어요. 미술사는 사람들의 생각과 미술활동이 어떻게 변해왔는지를 살펴보는 분야예요. 이 책은 미술사 공부를 아주 쉽게 할 수 있게 도와준답니다.

닐 암스트롱, 인류 최초로 달에 착륙한 우주비행사

조은재 지음 | 이정헌 그림 | 크라운판 변형 | 152쪽 | 14,000원

인류 최초로 달에 착륙한 우주비행사이자 평생을 겸손하게 살아온 닐 암스트롱 이야기. "한 인간에게는 작은 발걸음이지만 인류에게는 위대한 도약이다"라는 그의 말처럼, 암스트롱의 업적은 우주를 향한 위대한 도약이랍니다.

외규장각 의궤의 귀환 문화영웅 박병선

● 경기도학교도서관사서 추천도서 선정

조은재 지음 | 김윤정 그림 | 크라운판 변형 | 152쪽

이 책은 《직지심체요절》이 구텐베르크의 《42행 성서》보다 78년이나 앞선, 세계에서 가장 오래된 금속활자 인쇄본임을 밝히고 외규장각 의궤 297권을 찾아 대한민국에 반환하는 데 혁혁한 공을 세운 박병선 박사의 이야기입니다.

우리 신부님, 쫄리 신부님

● 한국어린이교육문화연구원 으뜸책 선정

채 빈 지음 | 김윤정 그림 | 크라운판 변형 | 136쪽 | 14,000원

가장 가난하고 슬픈 마을인 '톤즈'에 찾아가 자신의 모든 것을 바쳐 나눔을 실천한 이태석 신부님의 이야기입니다. 모두가 외면한 그들에게 신부님의 친구가 되어주었고 이제 영원히 그들의 가슴속에 남았습니다.

한반도 통일열차 세계를 향해 달려요

● 경기도학교도서관사서 추천도서 선정

신석호, 이명혜 지음 | 크라운판 변형 | 164쪽 | 14,000원

이 책은 통일에 대한 어린이들의 궁금증과 우리나라를 둘러싸고 있는 여러 문제들을 한번쯤 깊이 생각하게 해주는 이야기들을 다루고 있습니다. 통일이 되면 달라질 여러 환경을 사진과 함께 살펴볼 수 있습니다.